CHF ~~26.80~~ 12.90

Paul Wormer

Vital und selbstbestimmt

aethera®

die heilenden Kräfte im Menschen stärken,
die Bildung des eigenständigen Urteils unterstützen,
die Initiativbereitschaft von Patienten und Verbrauchern fördern.

Über dieses Buch: Wie können wir auch in Phasen der Erschöpfung die nötige Kraft finden, uns von inneren Zwangsjacken zu befreien und unserem Leben eine positive Wendung zu geben? Orientierungshilfen für unterschiedliche Alltagssituationen und praktische Übungen versetzen uns in die Lage, unsere Selbstwahrnehmung zu stärken und ungenutzte Lebensenergie zu aktivieren. Der Autor lässt uns an seinen Erfolgen als «Vitalitätscoach» teilhaben und bietet Sofortmaßnahmen für die akute Stressbewältigung wie auch Strategien zu einer langfristigen Neuorientierung, die zu den Quellen der eigenen Vitalkräfte führt.

Der Autor: Paul Wormer (geb. 1958) studierte Medizin und praktizierte zunächst zehn Jahre lang als Haus- und Schularzt in den Niederlanden. Danach übernahm er Managementfunktionen in Unternehmen des Gesundheitswesens. Heute nimmt er leitende Aufgaben in Einrichtungen des Gesundheitswesens wahr und hat sich als Unternehmensberater und Seminarleiter auf Strategieentwicklung und «Vitalitätsmanagement» für Organisationen spezialisiert.

Paul Wormer

Vital und selbstbestimmt

Aktiv gegen Stress und Erschöpfung

aethera®

Wichtiger Hinweis:
Sämtliche Angaben und Empfehlungen in diesem Buch wurden mit größter Sorgfalt überprüft und in Übereinstimmung mit dem neuesten Wissensstand erarbeitet.

Angaben zu Medikamenten und therapeutischen Maßnahmen erfolgen mit der Einschränkung, dass Dosierungs- oder Anwendungshinweise durch neue Erkenntnisse in der Forschung, klinische Erfahrungen und das sich verändernde Angebot an Präparaten dem Wandel der Zeit unterworfen sein können. Da auch menschliche Irrtümer oder Druckfehler nie ganz auszuschließen sind, wird für Anwendungs- und Dosierungshinweise sowie für die Wirkung der Präparate keine Gewähr übernommen.

Die Angaben in diesem Buch sind weder dazu bestimmt noch geeignet, einen notwendigen Arztbesuch zu ersetzen. Eine Haftung vonseiten des Autors oder des Verlages für Personen-, Sach- und Vermögensschäden ist ausgeschlossen.

Die niederländische Originalausgabe erschien 2009 unter dem Titel *Vitaal werken, vitaal leven. Meer energie in lichaam en geest* bei Spectrum, Houten – Antwerpen.

Übersetzung aus dem Niederländischen: IMF Textdienste GbR

ISBN 978-3-8251-8003-4

aethera® ist ein Imprint des Verlags Urachhaus, Stuttgart
Landhausstraße 82, 70190 Stuttgart
www.urachhaus.de

Layout und Einbandgestaltung: Manfred Christ
Druck: freiburger graphische betriebe fgb

Inhalt

Einleitung

Dieses Buch soll Ihnen dabei helfen, Ihre Vitalität zu verbessern und zugleich Ihre Authentizität zu stärken. Beides kann sehr nützlich sein, im Leben allgemein, insbesondere aber im Arbeitsalltag. Viele Menschen erleben es heute als enorme Belastung, arbeiten zu «müssen». Dieses «Müssen» ist an sich schon eine interessante Wortwahl: «Morgen muss ich arbeiten.» Wer zwingt Sie dazu? – Unterschiedliche Faktoren tragen zu dieser Belastung bei. Fast immer spielen sowohl «die Arbeit» und «der Betrieb» als auch die betreffende Person selbst eine wesentliche Rolle.

Dieses Buch geht davon aus, dass wir einen Großteil der Faktoren, die unser Leben bestimmen, selbst beeinflussen können. Damit übernehmen wir Verantwortung für unser Leben, und das ist etwas, das den meisten Menschen gut tut: aus der Abhängigkeit hin zur Selbstständigkeit. Damit lassen sich natürlich nicht alle Probleme lösen. Denn immer wieder machen sich Menschen gegenseitig das Leben unnötig schwer. Doch immerhin lässt sich erreichen, dass wir nicht völlig von unserer Umgebung abhängig sind, ja dass wir selbst Herr und Meister werden über jenen Bereich des eigenen Lebens, der von uns selbst gestaltet werden kann.

Somit bietet dieses Buch einen Weg zu mehr Erfolg. Doch dieser Weg führt erst einmal zu uns selbst, denn Erfolg erreichen wir durch unsere Vitalität und Authentizität.

Für wen wurde dieses Buch geschrieben?

Dieser Ratgeber ist für alle bestimmt, die unter Übermüdung und Stress, Alltagsproblemen und Unzufriedenheit leiden – oder schlimmer: Angst vor beziehungsweise Aversionen gegen die tägliche Arbeit haben – und ihre Vitalität verbessern möchten.

Gerade der berufliche Alltag kann einem Menschen (sowie dessen Umgebung) das Leben ganz schön schwer machen. Der letzte Akt in diesem Drama ist dann eine Krankmeldung wegen Burn-out oder ein Konflikt am Arbeitsplatz. Doch die Probleme waren natürlich bereits viel früher da, möglicherweise sogar über Jahre hinweg. Und man fragt sich hinterher, wie es überhaupt so weit kommen konnte.

Zugegeben: Der Umgang mit Stress und Belastungen ist durchaus eine Kunst. Jede berufliche Tätigkeit wird heute durch erhöhte Anforderungen und ein zunehmendes Dickicht von Regeln geprägt. Arbeitsdruck, Verantwortung, Konflikte am Arbeitsplatz – all dies scheint ständig zuzunehmen. Darum ist es klug, rechtzeitig dafür zu sorgen, dass die Arbeit nicht ständig als Belastung empfunden wird, dass sie unsere Vitalität nicht beeinträchtigt, sondern vielmehr einen Beitrag zu deren Steigerung liefert.

Es ist keineswegs selbstverständlich, dass man auch nach dem dreißigsten Lebensjahr gesund und fit bleibt. Wir leben heute zwar länger, doch wir haben aufgrund mangelnder Fitness häufig auch mehr Beschwerden.

Es gibt aber auch Menschen, die an ihrer Vitalität arbeiten, weil sie bemerken, dass es ihnen dadurch besser geht, dass ihre Mühe eigentlich Spaß macht und belohnt wird. Arbeiten an der eigenen Vitalität bedeutet nämlich auch: dass ich mich in meinem Körper besser fühle, dass ich herausfinde, was mir gut tut.

Dieses Buch ist also auch für all jene geschrieben, die nicht ständig spüren möchten, dass sie mit ihren Kräften am Ende sind, und neue Lebensfreude gewinnen möchten.

Wie wir an unserer Vitalität arbeiten und wie wir unsere Arbeit mit Vitalität erledigen

An der eigenen Vitalität arbeiten und die eigene Arbeit mit Vitalität erledigen – beide Ziele liegen diesem Buch zugrunde.

Vielleicht befürchten Sie, dass Sie auf alles Angenehme verzichten und stattdessen lästige Dinge tun müssen, wenn Sie Ihre Vitalität verbessern möchten. Immerhin mögen wir manches, von dem wir wissen, dass es uns nicht gut tut. Für den Moment schenkt es uns eine gewisse Befriedigung, auf längere Sicht jedoch nicht. Jeder kennt diesen inneren Zwiespalt: Schlemmen und Naschen zum Beispiel kann eine Weile sehr angenehm sein, doch Völlegefühl und Übergewicht sind es nicht. Faulenzen kann ab und zu Spaß machen, aber zu unserer Fitness trägt es nicht bei. Ganz zu schweigen vom Suchtverhalten: Der Kick und der Spaß sind nur von kurzer Dauer, und wie beim Rauchen kann man irgendwann nicht mehr aufhören, obwohl es keinen Genuss mehr verschafft.

Hier stoßen wir auf das Paradox, mit dem sich dieses Buch beschäftigt: Wir tun häufig Dinge, die wir gar nicht tun wollen. Und das, was wir eigentlich wollen, tun wir nicht. Dieses Buch soll uns dabei helfen, das zu tun, was wir wirklich wollen und was uns gut tut – und es hilft uns zu unterlassen, was wir eigentlich nicht wollen. – Mögliche Befürchtungen sind also unbegründet.

Wie benutze ich dieses Buch?

In kurzen, übersichtlichen Kapiteln werden alle relevanten Themen behandelt, die mit der Vitalität zusammenhängen. Ausgangspunkt ist unser Körper und die Frage, wie wir mit ihm umgehen. Die Reise führt dann weiter zu den seelisch-geistigen Aspekten. Am Ende gelangen wir zum Thema der Authentizität: Wie wir werden, was wir sind, und wie wir es bleiben. Ein langer Weg, aber ein schöner Weg. Ein Weg, den wir immer wieder gehen können.

Jedes Kapitel hängt mehr oder weniger eng mit dem Arbeitsleben zusammen. Das Kapitel über *Informationsstress* ist größtenteils auf das Arbeitsleben bezogen, das über *Sexualität* spielt (hoffentlich) mehr im privaten Bereich eine Rolle. *Bewegung* beispielsweise ist sowohl ein berufliches als auch ein privates Thema. Ihre Privatsphäre hat Einfluss darauf, wie Sie sich bei der Arbeit fühlen und umgekehrt. Dieses Buch betrachtet Sie als *eine* Person, die über *eine* Energie verfügt, die Ihnen sowohl privat als auch bei der Arbeit zur Verfügung steht und für die Sie auf beiden Gebieten etwas tun können.

Jedes Kapitel bringt Inhalte und Gesichtspunkte, die aus meiner Arbeit und Erfahrung mit vielen Menschen stammen sowie aus Literatur und Wissenschaft. Natürlich enthält jedes Kapitel auch konkrete Übungen und Tipps. Schließlich sollen hier keine theoretischen Überlegungen im Vordergrund stehen, auch wenn diese helfen können, die Dinge klarer zu sehen. Es geht darum, was wir tun, was wir aus unserem Leben machen. Die Übungen sollen verdeutlichen, was uns wichtig ist, und sie unterstützen uns beim Verwirklichen unserer Vorsätze. Kleine Tipps zeigen uns, wie einfach das häufig ist.

Ich empfehle Ihnen, ein Kapitel mehrfach zu lesen und dann an der Umsetzung zu arbeiten. Wenn Sie die Übungsfragen beantworten, werden Sie rascher Veränderungen erreichen. Sie können diese Übungen alleine durchführen, aber auch zusammen mit einem guten Freund oder einer guten Freundin. Sich mit jemandem auszutauschen führt häufig zur größeren Vertiefung.

Außerdem enthält dieses Buch vier *Intermezzi*. Sie behandeln allgemeine Fragen zum Thema Vitalität, die in meiner Arbeit immer wieder auftauchen.

Was erreiche ich durch dieses Buch?

Zunächst einmal werden Sie bemerken, dass Sie sich selbst immer besser kennenlernen. Dieses Buch basiert auf dem Prinzip der Selbstreflexion: sich selbst beobachten, sich selbst belauschen, sich selbst kennenlernen und sich selbst an die Hand nehmen. Selbsterkenntnis ist niemals nutzlos – im Gegenteil, sie gehört zu den wichtigsten Fähigkeiten im Leben und bildet die Basis dessen, was als «emotionale Intelligenz» bezeichnet wird.

Davon abgesehen bekommen die meisten Menschen, die nach dieser Methode vorgehen, immer mehr Spaß daran. Sie werden bemerken, dass es Ihnen neue Energie verleiht, wenn Sie anfangen, Ihre Vitalität zu verbessern – körperliche und mentale Energie. Freude am eigenen Tun ist etwas Wunderbares für Sie selbst und für Ihre Umgebung und trägt dazu bei, dass Sie erfolgreich sind.

Nach einiger Zeit werden Sie bemerken, dass Sie sich besser im Griff haben. Sie kennen sich besser, Sie können sich selbst besser einschätzen, und Sie wissen besser, was Ihnen gut tut. Dadurch wird Ihnen deutlicher, was Sie wirklich wollen, und Sie werden es dann auch umsetzen. Ihre Effizienz verbessert sich: Nebensächliches lassen Sie liegen, und Ihre eigentlichen Ziele rücken in Reichweite.

Drei Dinge können Sie also erreichen, wenn Sie mit diesem Buch arbeiten: *vertiefte Selbsterkenntnis, mehr Freude und größere Effizienz*. Diese drei Errungenschaften fuhren auch dazu, dass Sie in Ihrem Arbeitsleben mehr Erfolg haben: Selbsterkenntnis führt zu realistischen Zielen und Erwartungen; mehr Freude macht Sie erfolgreicher im Umgang mit anderen Menschen und sorgt dafür, dass Sie weniger Konflikte haben; und eine größere Effizienz führt dazu, dass Sie besser zum Ziel kommen.

Damit haben Sie zugleich eine der Lösungen für das Problem des Zeitmangels, an dem angeblich jeder leidet. Bereits in römischer Zeit war der Philosoph Seneca der Ansicht, dass nicht der Zeitmangel das größte Problem sei, sondern vielmehr die Tatsache, dass wir unsere Zeit nicht richtig nutzen. Das Gefühl, keine Zeit zu haben, ist meistens ein Indikator, der anzeigt, dass wir nicht das tun, was wir eigentlich wollen. Die Quellen der eigenen Vitalität zu entdecken bedeutet auch, dass wir das tun, was uns wirklich wichtig ist. Dies ist das eigentliche Gegenmittel gegen das permanente Gefühl, zu wenig Zeit zu haben.

Ich hoffe, dass Sie nach dem Lesen und Durcharbeiten dieses Buchs die Erfahrung machen, dass es Ihnen leichter fällt, Stress und Belastungen zu reduzieren, als Sie zunächst dachten. – Viel Freude also!

I. Vitalität und Gesundheit

Solange sie gesund und vital sind, empfinden die meisten Menschen diesen Zustand als völlig normal. Sie haben schließlich keine Beschwerden und können tun und lassen, was sie wollen, ohne dass sie ihr Körper daran hindert. Und wenn sie mal so richtig erschöpft sind, wissen sie, woher es kommt. Sobald sie den fehlenden Schlaf nachgeholt oder sich am Wochenende ausgeruht haben, reguliert sich alles wieder von selbst.

Leben ohne Limit? – Vitalität ist keine Selbstverständlichkeit

Vor allem wenn wir jung sind, halten wir uns gerne für unverwüstlich. Wenn wir nicht aufpassen, geben wir uns der Illusion hin, wir könnten uns alles zumuten. Obwohl wir wissen, dass auch uns etwas zustoßen kann, dass auch wir krank werden können: Wir leben, als wären unsere Lebenskraft und unsere Vitalität unendlich. Bei unserer Karriere- oder Lebensplanung berücksichtigen wir keine einschränkenden Faktoren.

Erst wenn es doch einmal irgendwo hapert, wenn Krankheit und Übermüdung länger als ein paar Tage zuschlagen, ändert sich das Bild: Gesundheit und Vitalität sind plötzlich keine Selbstverständlichkeiten mehr, sie werden zu heiß begehrten Schätzen, die verloren gegangen sind. Wir suchen danach, wie wir wieder die oder der «Alte» werden können, und ändern manches an unserer Lebensweise. Vielleicht machen wir uns auch Sorgen. Auch ein Kranker in unserer Umgebung oder ein Kollege mit Burn-out kann Anlass sein, sich klarzumachen, dass Vitalität nichts Selbstverständliches ist.

Ist es sehr abwegig oder übertrieben, uns auch ohne dringenden Grund einmal zu fragen, wie es um unsere Gesundheit und Vitalität steht? Und wie wir sie verbessern können, auch wenn wir keine spürbaren Beschwerden haben?

Übung

- Was bedeutet für Sie Gesundheit?
- Was bedeutet für Sie Vitalität?
- Wie gesund fühlen Sie sich?
- Wie vital fühlen Sie sich?
- Was haben Sie in letzter Zeit getan, um Ihre Gesundheit und Ihre Vitalität zu verbessern?
- In welchem Maße ist dies gelungen bzw. weniger gelungen?
- Warum bzw. warum nicht?

Doch was ist eigentlich *Vitalität?* Was führt dazu, dass ich vital bin oder nicht? Wann fühle ich mich vital und wann nicht? Die entscheidende Frage aber lautet: Wie werde ich oder halte ich mich selbst vital?

Darin liegt ein wichtiger Schlüssel zum Erfolg, zur Verwirklichung persönlicher Ziele. Denn wer fit und vital ist und über ausreichend Energie verfügt, ist eher in der Lage zu erreichen, was er sich vorgenommen hat. Das gilt fürs Privatleben, vielleicht aber noch stärker für die Arbeit. Eine Verhandlungssituation, ein kompliziertes Projekt, eine unruhige Arbeitsumgebung, ein schwieriges Verhältnis zu Kollegen, Rückschläge: Wir kommen mit all dem besser zurecht, wenn wir fit und vital sind.

Vital sein heißt, die eigenen Ziele besser erreichen

Was aber bedeutet *Gesundheit?* Die Weltgesundheitsorganisation (WHO) definiert Gesundheit als die Gesamtheit des körperlichen, geistigen und sozialen Wohlbefindens.[1] So betrachtet werden nur wenige Menschen von sich sagen können, dass sie völlig gesund sind. Im alltäglichen Leben verstehen die meisten Menschen Gesundheit als das Fehlen von Krankheiten oder ernsten Beschwerden: keine Beschwerden, keine Medikamente und keine medizinische Behandlung.

Was ist Gesundheit?

Sind Sie gesund? – Sind Sie vital?

Eigenartigerweise werden viele Menschen durch die Frage verunsichert, ob sie *gesund* sind. Darauf bekomme ich Antworten wie: «Ich glaube schon» oder: «Ich habe keine Beschwerden» bis hin zu: «Ich will es nicht beschreien, aber bis jetzt schon.» Nur wenige trauen sich, mit einem vollmundigen Ja zu antworten. Schließlich kann immer etwas auf der Lauer liegen – wenn nicht heute oder morgen, dann vielleicht übermorgen. Denn eine gesunde Lebensweise mag zwar die Chance erhöhen, dass man gesund bleibt, doch eine Garantie darauf gibt es leider nicht. Man kann nie wissen ...

Interessanterweise ist *Vitalität* nicht genau dasselbe wie Gesundheit. Wenn ich bei Vorträgen die Frage stelle, was meine Zuhörer unter Gesundheit verstehen, werden sie nachdenklich, während dieselbe Frage in Bezug auf Vitalität immer lebendige Assoziationen auslöst: «Lebenskraft», «tun können, was man will» und «etwas mit Freude tun». Die Frage: «Sind Sie vital?» ruft eigentlich immer eindeutige Aussagen hervor, und viele antworten voller Überzeugung mit einem einfachen Ja. Oder sie sagen: «Meistens schon», manche natürlich auch: «Nicht wirklich» oder: «Nicht mehr.»

Vitalität gibt Lebensfreude

Die Frage nach der Gesundheit ruft häufig eine zögernde Antwort hervor. Um sicher zu sein, müssten wir erst einen Arzt aufsuchen, der bei einer Untersuchung Krankheiten aufzeigen oder ausschließen kann.

Gesundheit und Vitalität entspringen unterschiedlichen Quellen

Die Frage nach der eigenen Vitalität können wir keinem anderen Menschen stellen. Um die eigene Vitalität zu beurteilen, müssen wir mit uns selbst zurate gehen. Wir spüren sie unmittelbar. Niemand sonst hat Zugang zur Domäne unserer Vitalität. Das heißt zugleich, dass nur wir selbst in der Lage sind, diese Domäne zu verwalten.

Wie verhalten sich Gesundheit und Vitalität zueinander? Sie hängen eng zusammen. Dennoch gibt es Menschen, die gesund, aber nicht vital sind. Andere dagegen sind nicht (völlig) gesund oder sogar krank und dennoch vital.

Bei der ersten Kategorie – gesund, doch nicht vital – können wir beispielsweise an Menschen mit Stimmungsschwankungen oder Sorgen denken. Auch Übermüdung kann uns so blockieren, dass unsere Vitalität beeinträchtigt ist, ohne dass gleich medizinisch nachweisbare Probleme bestünden: «Ich bin nicht krank, mein Arzt kann nichts finden, aber ich bin eigentlich ständig müde.»

Vital trotz gesundheitlicher Beeinträchtigung?

Die andere Kategorie – nicht ganz gesund, aber vital – ist sehr interessant. Sie zeigt nämlich, dass Vitalität manchmal unabhängig von Gesundheit existiert. Wir brauchen nur an Menschen mit einer Behinderung zu denken. Doch auch wer beispielsweise an Krebs, Rheuma oder Multipler Sklerose erkrankt ist, kann Vitalität ausstrahlen. Es ist doch eigentlich verblüffend, dass eine gesundheitliche Beeinträchtigung unserer Vitalität nicht im Wege stehen muss. Woher schöpfen diese Menschen ihre Vitalität?

Arbeit und Vitalität

Erfolgsfaktor Vitalität

Für das Arbeitsleben ist die Frage nach der Vitalität immer relevant. Vitalität bestimmt, ob wir unsere Arbeit gut und mit Freude erledigen können. Wer fit und vital ist, verursacht weniger Unfälle, ruft weniger Missverständnisse und Irritationen hervor und ist besser gegen Rückschläge und Widrigkeiten gewappnet. Vitalität macht den Unterschied – für uns selbst wie auch für unsere Kollegen.

Natürlich spielen auch gesundheitliche Probleme und Einschränkungen eine entscheidende Rolle. Je älter wir werden, desto weniger können wir uns dieser Tatsache entziehen. Wie sehr sie uns beeinträchtigen und in welchem

Maße wir uns davon bestimmen lassen, wird jedoch eher von unserer Vitalität als von unserem tatsächlichen Gesundheitszustand bestimmt.

Wie werden oder bleiben wir vital?

Grundvoraussetzungen für Vitalität

Viele Gespräche, die ich in meiner ärztlichen Praxis und bei meiner Arbeit als Vitalitätscoach führen konnte, haben mir gezeigt, dass es zwei Grundvoraussetzungen für Vitalität gibt: *gesund leben – und den eigenen Kurs finden und ihm folgen*.

Gesund leben

Zunächst einmal ist es – bis zu einem gewissen Grade – notwendig, gesund zu leben. Je älter wir werden, desto wichtiger wird dies. Die meisten Menschen bemerken, dass sie zunehmend mit ihren Kräften haushalten müssen und nicht mehr so leistungsfähig sind wie früher. Sie müssen es büßen, wenn sie (zu) spät ins Bett gegangen sind oder (zu) viel getrunken haben. Ausschlafen, um sich zu regenerieren, klappt häufig auch nicht mehr. Bewegung wird notwendig, weil wir sonst «einrosten». Ältere Menschen benötigen eine längere Regenerationszeit nach anstrengenden Arbeiten.

Neunzig Prozent unserer Zeit sollten wir einer gesunden Lebensweise widmen

Zum Glück müssen wir nicht hundert Prozent unserer verfügbaren Zeit damit verbringen, gesund zu leben. Dies ist unmöglich und abgesehen davon auch langweilig und frustrierend. Dennoch sollte alles, was unserer Gesundheit schaden kann, die Ausnahme bleiben. Wer gesundes Leben zur Ausnahme macht, betreibt Raubbau.

Als Faustregel gilt, dass wir etwa neunzig Prozent unserer Zeit mit einer gesunden Lebensweise verbringen sollten. Die Kunst besteht darin, diese 90/10-Regel richtig anzuwenden: Wann erlaube ich mir ungesundes Verhalten und wann nicht? Wie kompensiere ich ungesundes Verhalten? Wie halte ich das «Steuer» fest in der Hand?

Dem eigenen Kurs folgen

Gesundheit mag zwar die Grundlage der Vitalität sein, doch sie ist auch nicht mehr als das. Über unsere Ausstrahlung und Vitalität entscheidet letztlich die Frage, ob wir unseren eigenen Kurs gefunden haben. Meine Erfahrung zeigt, dass vitale Menschen fast ausnahmslos wissen, was sie wollen, danach handeln und dazu stehen.

Wir können uns die Bedeutung des «Kurshaltens» am Skilanglauf klarmachen: Bereits ein kleines Ausscheren aus der Loipe kostet sehr viel Energie. Ähnliches gilt für das Laufen: Es ist herrlich, sich im eigenen Rhythmus zu bewegen, doch wenn man angetrieben oder gebremst wird, kann dies sehr ermüdend sein. Etwa wenn man in großer Eile einen Zug erreichen muss, aber auch, wenn man mit anderen beim Schlendern durch die Stadt oder durch ein Museum zu einer langsameren Gangart gezwungen wird.

Den eigenen Rhythmus finden

Die wichtigste *Voraussetzung für Vitalität* liegt also im Erkennen, Finden und Folgen des eigenen Kurses. Dabei gilt: Jeder Mensch hat seinen jeweils eigenen Kurs! Gesund leben ist die zweite Voraussetzung. Übrigens verstärkt sich beides gegenseitig: Wenn es gelingt, dem eigenen Kurs zu folgen, fällt es meistens leichter, gesund zu leben. Umgekehrt macht es eine gesunde Lebensweise leichter, den eigenen Kurs zu finden. Wir werden auf dieses Phänomen noch näher eingehen.

Die *Arbeit* ist für die meisten Menschen ein wichtiger Faktor auf diesem Weg. Sie kann uns unser Leben gehörig vergällen. Sie kann aber auch zur Sinnfindung und Lebenserfüllung beitragen. Ist das Ende einer Arbeitswoche eine Befreiung? Blicken wir bedrückt auf den Anfang der nächsten Arbeitswoche voraus? Oder erzählen wir mit Freude und berechtigtem Stolz von unserer Arbeit? Trägt sie zu unserer Entwicklung bei, oder zählen wir die Jahre bis zur Rente? Letzteres ist, wie wir wissen, gefährlich, denn der Eintritt in den Ruhestand scheint sich so von uns wegzubewegen.

Vitalität im Arbeitsleben

Bei Workaholics scheint das Leben nur aus Arbeit zu bestehen. Diese einseitige Situation verbirgt eigentlich immer ein Gefühl der Unzufriedenheit, einen Mangel an Erfüllung, und ist damit ein Risikofaktor für unsre Vitalität.

Für die Vitalität ist es gut, in eine Arbeit zu investieren, die uns und unserem Kurs entspricht. Dies kommt unserer Arbeitsqualität und uns selbst zugute. Alle Kapitel dieses Buches beziehen sich darauf.

Gesundheit ist das Klima, Vitalität das Wetter

Ich benutze gerne das Bild der Gesundheit als *Klima* und der Vitalität als *Wetter*. Das Klima ist geringeren Schwankungen unterworfen als das Wetter. Auch die Pflege der Gesundheit hängt häufig mit längerfristigen Prozessen

Einfache Maßnahmen für rasche Hilfe

zusammen: Wir können unsere Gesundheit nicht von einem Tag auf den anderen grundlegend verbessern. Für unsere Vitalität hingegen können wir bereits kurzfristig etwas tun. Etwa durch einen schönen Spaziergang, mehr Schlaf, ein erhellendes Gespräch, eine inspirierende Zusammenkunft oder ein verlängertes Wochenende.

Übung

Die nachfolgenden Fragen sind einfach, aber wirksam. Regelmäßig gestellt, werden sie rasch dazu beitragen, dass Sie sich selbst besser kennenlernen.

- Was in meinem Privatleben fördert meine Vitalität?
- Was in meinem Privatleben schadet meiner Vitalität?
- Was in meinem Arbeitsleben fördert meine Vitalität?
- Was in meinem Arbeitsleben schadet meiner Vitalität?

Unzufriedenheit ist eine Aufforderung zum Kurswechsel

Wenn Sie über längere Zeit hinweg müde oder lustlos sind, wenn Sie bemerken, dass Sie zu ungesundem Essverhalten oder übermäßigem Konsum von Genussmitteln neigen, oder wenn Sie ein Workaholic sind, sollten Sie sich die Frage beantworten: «In welcher Hinsicht befinde ich mich nicht auf dem richtigen Kurs?»

Hinter ungesundem Verhalten verbirgt sich eigentlich immer Unzufriedenheit. Wenn wir erst einmal wieder auf dem rechten Kurs sind, ist es leichter, unser ungesundes Verhalten zu ändern.

Übung

- Befand ich mich heute auf meinem eigenen Kurs?
- In welcher Situation war dies nicht der Fall? Wodurch kam das?

II. Vitalitätscheck: Wie nutze ich meine Energie?

Die Öllampe ist eine gute Metapher für unsere Vitalität und unseren Umgang mit ihr. Denn Vitalität hat sehr viel mit «Ausstrahlen» zu tun, mit dem Aussenden von Licht und Wärme, die sowohl uns selbst wie auch unserer Umgebung zugute kommen. Das Gegenteil von Vitalität ist Burnout – Ausgebranntsein.

Die Öllampe als Metapher für Vitalität

Aus der Perspektive von Energie und Vitalität können wir den Menschen wie eine Öllampe betrachten. Genau wie diese verfügt er über eine gewisse Menge an «Brennstoff» und gleicht einer Flamme, die hell leuchtet, die auf Sparflamme brennen kann oder aber als große, qualmende und lodernde Flamme erscheint.

Wir können unsere eigene Vitalität gut am Bild der Öllampe überwachen. Anhand dieser Metapher können wir uns allerlei anregende Fragen stellen, die wir am Ende des Kapitels zu einer Übung zusammenführen wollen.

Wie groß ist mein Ölvorrat?

Der eine hat mehr «Öl» als der andere – jedenfalls *scheinbar*. Manche Menschen scheinen über einen unerschöpflichen Vorrat an Energie zu verfügen. Für die meisten ist aber die verfügbare Menge begrenzt.

Bewusster Umgang mit den eigenen Energiereserven

Menschen mit starker Vitalität erholen sich nach ermüdenden Tätigkeiten oft sofort wieder; andere müssen sparsam mit ihrer Energie umgehen, oder sie müssen eine längere Erholungszeit einplanen. Auch gibt es Menschen, die scheinbar über eine enorme Energie verfügen, die sie dann aber plötzlich im Stich lässt. Offenbar spüren sie nicht, wie es um ihren Vorrat bestellt ist. Bei manchen lässt die Spannkraft im Winter nach, doch im Frühjahr leben sie auf. Die Energiereserven schwanken auch im Verlauf der einzelnen Lebensphasen.

Man sollte sich bewusst machen, über welche Energiereserven man verfügt: Habe ich noch genauso viel Energie wie früher, oder beginnen meine Ölfelder auszutrocknen?

Rüdiger ist ein echter Pionier. Er hat sein eigenes Unternehmen gegründet und verfügt über eine enorme Vitalität. Seine Reisen führen ihn um die ganze Welt;

kurze Nächte und häufiger Jetlag bringen ihn kaum aus seinem Rhythmus. Im Flugzeug schläft er fest, danach ist er wieder völlig präsent. Einige seiner Mitarbeiter betrachten dies als Maßstab, doch sie müssen zu ihrem Bedauern feststellen, dass dieser Lebensstil nicht jedermann zuträglich ist. Einen Jetlag einfach so wegstecken, das können nur wenige.

Brigitte nahm voller Hingabe an einem Workshop über Stress- und Vitalitätsmanagement teil, den ihr Betrieb veranstaltete. In einem Auswertungsgespräch sechs Wochen danach berichtet sie, dass sie sich nach dem Workshop wider Erwarten erschöpft fühlte. Ihr wird bewusst, dass es ihr öfter so geht: Erst nach einiger Zeit spürt sie, wie müde sie nach einer bestimmten Aktivität ist. Wir stellen fest, dass ihr Energiesensor zwar funktioniert, doch dass sie seine Signale zu spät wahrnimmt. Sie kann sich selbst einen Dienst erweisen, wenn sie häufiger nachspürt, wie es um ihre Energie bestellt ist. Dies hilft ihr, rechtzeitig Pausen einzulegen und der Übermüdung oder Erschöpfung vorzubeugen.

Den eigenen «Energiesensor» im Blick behalten

Es gibt viele Menschen, die ähnlich wie Brigitte ihren Energiesensor schlecht im Blick haben. Sie sehen oder fühlen nicht, dass ihr Tank fast leer ist. Weder zu Hause noch am Arbeitsplatz spüren sie ihre Grenzen, und sie machen immer weiter. Gerade sie können angenehme, hart arbeitende Kollegen sein. Doch auf Dauer wird ihnen dieser hohe Energieverbrauch schlecht bekommen.

Wofür eignet sich mein Öl?

Eine andere Frage hängt mit der Qualität des Öls zusammen: Worin sind wir besonders gut? Was geht uns leicht von der Hand, und was kostet uns viel Mühe?

Roland bemerkte irgendwann, dass es ihm eher liegt, als zweiter Mann aus dem Hintergrund zu operieren. Als Berater ist er den täglichen Scharmützeln und Konflikten weniger ausgesetzt und kann seine Fähigkeiten besser zur Geltung bringen. Obwohl er es einerseits schade findet, dass er nicht im Rampenlicht steht, tut es ihm gut, nicht immer zu hohe Erwartungen an sich selbst stellen zu müssen.

Christoph beschloss irgendwann, sich zu Hause nicht mehr mit Reparaturarbeiten abzugeben. Die Rolle als Do-it-yourself-Mann gefiel ihm überhaupt nicht, und er war auch gar nicht gut darin. Seitdem ruft Christoph bei Bedarf einen Handwerker, und er kann sich wieder den Dingen widmen, die seinen Fähigkeiten und Neigungen entsprechen und die ihm Energie geben.

Jeder Mensch hat eine andere Veranlagung. Nehmen wir den Sport. Es gibt Fußballspieler, die sich weniger verausgaben, doch ab und zu Höchstleistungen liefern und damit ein Spiel entscheiden können; andere spielen konstant auf hohem Niveau und zeichnen sich durch ihre solide, aber auch etwas unauffällige Art aus.

Selbsteinschätzung als erster Schritt zur besseren Energiebilanz

Es ist wichtig, solche Tendenzen bei sich selbst zu erkennen und herauszufinden, was einem leichter oder weniger leicht von der Hand geht und was man von sich selbst erwarten kann und will. Dinge, die einem leichtfallen, kosten weniger Kraft, ja manchmal liefern sie sogar neue Energie. Natürlich kann es auch sehr erfrischend sein, sich neue Fähigkeiten zu erwerben. Dies sollte aber möglichst ohne Zwang und Zeitdruck geschehen, und man sollte sich den notwendigen Freiraum dafür schaffen. Gelingt es uns, damit an persönliche Entwicklungsbedürfnisse anzuknüpfen, können diese neuen Aktivitäten eine Menge Energie liefern.

Peter leidet unter starkem Übergewicht, daneben hat er weitere gesundheitliche Beschwerden. Es zeigt sich, dass er vor langer Zeit während seiner Ausbildung zum ersten Mal stark zugenommen hatte. Danach, als er einen körperlich fordernden Beruf ausübte, wurde er seine Pfunde wieder los. Als er später einen Bürojob bekam, machten sich die Probleme mit seinem Körpergewicht wieder deutlich bemerkbar.

Abgesehen davon, dass dieser Job zu einem Mangel an körperlicher Bewegung führt, muss sich Peter eingestehen, dass er eigentlich nicht für eine solche Schreibtischtätigkeit geschaffen ist. Es bekommt ihm nicht, immer in geschlossenen Räumen zu sein und immer dieselben Menschen um sich zu haben. Es wird ihm deutlich, dass sein Idealberuf eine Arbeit im Freien wäre, zum Beispiel als Obstbaumzüchter.

Wir haben daraufhin gemeinsam einen Zeitplan aufgestellt und betrachtet, was notwendig ist, um einen solchen Schritt in eine neue berufliche Zukunft vorzubereiten.

Welcher Personenkreis benutzt mein Öl?

Für manche Menschen ist die Frage: «Wer außer mir benutzt mein Öl?» von großer Bedeutung.

Kleine Kinder machen auf ganz natürliche Weise Gebrauch vom «Öl» ihrer Eltern, vor allem der Mutter. Während der Schwangerschaft und beim Stillen kann man dies sogar bis ins Körperliche hinein beobachten. Auch nach der Stillzeit zehren Kinder noch stark von der Energie ihrer Umgebung. Eltern wissen, dass diese Phase viel Kraft kostet, und sie müssen so manchen Wunsch aufs Wartegleis schieben: Ferienaktivitäten sind eingeschränkt, ein spontaner Ausgeh-Abend ist nicht drin, Ausschlafen am Wochenende fällt flach, weil die Kinder sehr früh wach sind.

Kinder zehren von der Energie ihrer Eltern

Wenn das Kind älter wird, sollten diejenigen, die es erziehen, ihre durchlässige «Energiebarriere», die sie von ihrem Kind trennt, immer weiter schließen. Ein Kind muss Schritt für Schritt unabhängiger werden von seinen Eltern oder Betreuern, die symbiotische Situation, die anfangs noch ganz natürlich ist, erweist sich später als Energiefresser.

Gerade wenn ein älteres Kind noch zu stark von der Energie seiner Eltern zehrt, tritt Energiemangel auf. Gelingt es, die Kinder in der richtigen Weise loszulassen, bemerken Eltern häufig, dass sie wieder über mehr Kraft verfügen.

Doch nicht nur Kinder können in unangemessener Weise vom «Öl» der anderen Gebrauch machen – auch fordernde Partner, Familienmitglieder, Kollegen und Chefs haben diese «Fähigkeit». Häufig handelt es sich hier um eingefahrene Verhaltensmuster. Den Betroffenen ist es nur halb bewusst, wohin ihre Energie verschwindet. Wer es anderen immer recht machen will, läuft Gefahr, dass er ihnen seine Energie einseitig zur Verfügung stellt. Auch ungelöste Konflikte kosten enorm viel Energie.

Energieverlust durch Unklarheit und Konflikte

In vielen Situationen des Arbeitslebens, häufig auch in Führungspositionen, treffen wir Menschen an, die viel Unklarheit verbreiten. Diese kostet immer Energie, und sie ist in Teams häufig der eigentliche Energiefresser. Viele Vorgesetzte gehen unbewusst nach dieser Methode vor, um einer Situation Herr zu werden. Und dabei missbrauchen sie die Energie ihrer Mitarbeiter.

Steht man vor der Aufgabe, einen kranken Menschen in der unmittelbaren Umgebung zu pflegen, ist es häufig für eine gewisse Zeit unvermeidlich, das eigene «Öl» mit ihnen zu teilen. Wer in Pflegeberufen tätig ist oder Familienmitglieder pflegt, weiß, was dies bedeutet.

Doch auch ohne Hilfsbedürftigkeit kann sich eine einseitige Abhängigkeit von der Energie eines anderen ausbilden. Wenn wir bemerken, dass ein anderer in unangemessener Weise Gebrauch von unserem «Öl», unserer Energie macht, sollten wir uns fragen: «Warum lassen wir dies geschehen?», «Wie geht das genau vor sich?» und «Wie können wir das ändern?»

Karin arbeitet als Gruppenleiterin in einem Hort. Sie und ihr Partner haben eine Vollzeitbeschäftigung. Dennoch kümmert sie sich erheblich mehr um den Haushalt als er. Sie findet dies unbefriedigend. Es kostet sie viel Energie, und außerdem kommt sie nicht zu den Dingen, die sie lieber tun würde. Doch es gelingt ihr nicht, dieses Verhaltensmuster zu ändern.
Ihr Perfektionismus steht ihr im Weg. Sie ist davon überzeugt, dass ihr Mann die Hausarbeit weniger gut erledigt. Also wägt sie ab: «Was ist mir wichtiger? Einen Haushalt, in dem es genau so läuft, wie ich es will, oder dass ich Zeit für Dinge habe, die mir eigentlich mehr bedeuten und die mir Kraft geben?» Und noch einen Schritt weiter: «Flüchte ich mich vielleicht in die Hausarbeit, um mir nicht die Frage stellen zu müssen, was ich wirklich tun will?»

Energiebarrieren aktivieren

Manche Menschen haben ein starkes Einfühlungsvermögen, das ihnen Energie raubt, das ihre Reserven «anzapft». Allerdings ist jeder selbst für seine Energie verantwortlich – niemand erhält Zugang zu ihr, wenn ihm dieser Zugang nicht gewährt wird. Die wichtigsten Fragen lauten also: «Wem erlaube ich, mein ‹Öl› zu benutzen, und warum? Was gewinne ich dadurch?» Dies sind vielleicht unangenehme Fragen, doch bei einem gestörten Energiehaushalt sind sie wesentlich.

Wie hoch brennt meine Flamme?

Für viele Menschen ist auch die Stärke ihrer Flamme etwas, worauf sie achten müssen. Muss die Flamme immer mit voller Kraft brennen, oder gibt es auch so etwas wie eine Sparflamme? Muss ich immer so hell strahlen?

Eine zu stürmisch brennende Flamme beginnt zu qualmen und zu rußen. Wir «brennen aus», wenn die Flamme zu lange mit voller Stärke brennt. Dann erlischt sie auf einmal. Das Öl ist aufgebraucht. Gut mit der eigenen Energie haushalten zu können bedeutet, richtig einzuschätzen, wann unser voller Einsatz gefragt ist und wann es auch mit weniger getan ist. Für jemanden, der immer am Limit arbeitet und lebt, ist das eine gute Übung. Manchmal atmen die Menschen in dessen Umgebung sogar auf, wenn für sie auch noch etwas Arbeit übrig bleibt.

Harald kam als Direktor in eine junge Organisation, in der sehr vieles noch nicht geregelt war. Er ging mit großen Ambitionen und viel Schwung ans Werk. Als er einmal im Urlaub war, bemerkte eine seiner Mitarbeiterinnen, wie sehr sie während seiner Abwesenheit zur Ruhe kam. Ihr wurde bewusst, dass ihr Direktor sie den ganzen Tag hindurch forderte und «von ihrer Arbeit abhielt». Als ihr Chef nach einer Woche wieder in der Firma war und sie mit flauem Gefühl im Magen zur Arbeit ging, wusste sie, dass es Zeit für ein Gespräch war.

Menschen mit einem Hang zum Perfektionismus wollen bei allem möglichst eine hundertprozentige Perfektion erreichen. Das Unangenehme daran ist, dass es ihnen dadurch meist nicht gelingt, alle Aufgaben zu bewältigen. Auch können sie nicht immer unterscheiden, ob etwas wirklich wichtig ist oder eher zweitrangig. Oft versuche ich ihnen zu vermitteln, dass in den meisten Fällen – beispielsweise bei Entwürfen oder internen Präsentationen – eine 80-prozentige Leistung mehr als genug ist. Die letzten 20 Prozent erfordern gewöhnlich unverhältnismäßig viel Zeit und Energie. Wir erweisen uns selbst (und anderen) einen großen Gefallen, wenn wir wissen, wann hundert Prozent Leistung erforderlich sind und wann 80 Prozent genügen.

Effizient arbeiten bei geringem Energieverbrauch

Mit anderen Worten: In derselben Zeit, in der wir drei Aufgaben mit 80-prozentiger Leistung bewältigen, können wir zwei zu hundert Prozent erledigen. Die uns zur Verfügung stehende Zeit ist eben begrenzt. Wann sind wir also effizienter: Wenn wir immer mit voller Energie leuchten oder wenn wir die Größe unserer Flamme variieren?

Wann und wie muss ich Öl nachfüllen?

Auftanken ist ebenfalls notwendig: Wann füllen wir Öl nach, und wann sind wir nur mit dem Verbrennen beschäftigt? Auftanken – das geschieht in Momenten der Erholung. Wann gibt es solche Momente? Gönnen wir uns Pausen? Haben wir freie Abende? Was tun wir an den Wochenenden? Erholen wir uns im Schlaf (sind wir nach dem Aufstehen fit)? Regenerieren wir uns am Wochenende, oder sind wir müde, wenn das Wochenende mit all seinen Aktivitäten hinter uns liegt? Woran liegt es, dass eine Pause manchmal erholsam ist und ein andermal anstrengend?

Energiebringer und Energiefresser lokalisieren

Wenn alles gut läuft, tanken wir sowohl durch unsere Arbeit wie auch bei anderen Gelegenheiten auf. Wenn wir am Arbeitsplatz immerzu nur Energie abgeben und deshalb in der verbleibenden Zeit darauf angewiesen sind, dass wir wieder auftanken können, ist eine Schieflage entstanden. Auch am Arbeitsplatz müssen Energie bringende Aktivitäten möglich sein.

Eine einfache und gute Frage lautet: «Was gibt mir Energie und was frisst Energie?» So kommen wir den Energielieferanten und Energiefressern auf die Spur.

Für wen leuchte ich eigentlich?

Für wen leuchte ich eigentlich? Leuchte ich meistens für andere, für meinen Partner oder für meine Kinder? Oder – auch das ist möglich – leuchte ich eigentlich vor allem für mich selbst, und will ich viel mehr für andere, zum Beispiel meine Familie, da sein?

Niemand muss sich und anderen etwas beweisen!

Manche Menschen sind noch immer damit beschäftigt, anderen etwas zu beweisen – wie es in der Kindheit den Eltern gegenüber geschah. Ein Leben lang auf der Suche nach Wertschätzung zu sein ist meist extrem ermüdend. Wir müssen uns dessen bewusst werden und uns die Frage stellen, *wo und für wen wir das eigentlich alles tun.*

Natürlich muss das eine das andere nicht ausschließen. In einer ausgewogenen Situation können wir zugleich für uns selbst und für unsere Umgebung leuchten, und beides wird sich gegenseitig unterstützen. Anders ausgedrückt: Wenn man das Richtige tut, ist es sowohl für einen selbst als auch für die Umgebung gut. Im Kapitel über *Authentizität* (siehe S. 193ff.) werden wir hierauf zurückkommen.

Übung

Nehmen Sie sich einmal eine halbe Stunde für die folgende Fragenbeantwortung Zeit, eventuell zusammen mit einer Kollegin oder einem Kollegen, einer Freundin oder einem Freund, mit der oder dem Sie sich austauschen können. In welchem Zustand ist Ihre «Öllampe», und was möchten Sie gerne ändern?

1. Wie ist die Qualität meines Öls? Hat sie sich im Lauf meines Lebens geändert?

2. Wann und wie häufig fülle ich Öl nach?

3. Wann, wo und für wen leuchte ich vor allem?

4. Wie groß ist meine Flamme; möchte ich gerne mehr oder eher weniger leuchten?

5. (Wann) brenne ich auf Sparflamme?

6. Wie groß sind meine Ölvorräte?

7. Wer verwendet mein Öl sonst noch? Bin ich mir dessen bewusst? Bin ich damit einverstanden?

1. ....

2. ....

3. ....

4. ....

5. ....

6. ....

7. ....

III.

Vital durch gesunde Lebensweise und eigenen Kurs

Gesund leben und seinem eigenen Kurs folgen – das sind die zwei wichtigsten Voraussetzungen für Vitalität.

Gesund leben

Beim Stichwort «gesund leben» denken die meisten vor allem an das leibliche Wohlbefinden und wie man dafür sorgt. Gesundheit bekommt meist erst dann eine Bedeutung, wenn der Körper einem Grenzen aufzeigt.

Körperliche Gesundheit fördert seelisches Wohlbefinden

Gesund oder ungesund leben hat jedoch einen immensen Einfluss auf die Psyche. Denken wir nur an Genussmittel: Wer zu viel davon konsumiert, spürt das sogleich. *Alkohol* beeinflusst beispielsweise die Gemütsverfassung, die Leistungsfähigkeit und auch die Schlafqualität. Vielleicht schläft man nach Alkoholkonsum etwas schneller ein, doch der Schlaf bleibt oberflächlich, und man wacht öfter auf. Dieser oberflächliche Schlaf ist nicht wirklich erholsam, und man fühlt sich unausgeruht.

Auch *Kaffee* hat bei übermäßigem Konsum eine negative Auswirkung auf die Psyche. Die ersten drei bis vier Tassen tragen bei vielen dazu bei, auf eine angenehme Art munter zu werden. Doch diese Wirkung ist begrenzt. Noch mehr Kaffee macht eher nervös, zittrig und gereizt.

Umgekehrt hat *Bewegung*, vor allem Sport, einen direkten Einfluss auf das Wohlbefinden. Man schläft danach besser und gewinnt mehr Energie und Ausdauer. Außerdem wirkt Sport positiv auf die Psyche: Bewegung hält fit und erhöht die Konzentration. Und wer fit ist hat mehr Erfolg und Freude am Leben.

Dem eigenen Kurs folgen

Im Unterschied zur Gesundheit wird man beim Stichwort «seinem eigenen Kurs folgen» zuerst an geistig-seelische Aspekte denken. Allerdings profitiert auch der Körper davon, wenn man sich gut fühlt und wenn alles rund läuft. Wer voller Freude zur Arbeit geht, wird eine größere Fitness aufweisen als jemand, der dies nur widerwillig tut. Eine lange Autofahrt gemeinsam mit dem Partner ist sehr anstrengend, wenn es zwischen beiden nicht mehr so gut läuft. Seine Wehwehchen spürt man mehr, wenn man sich gerade in einer weniger guten psychischen Verfassung befindet. Und wenn man etwas in Angriff nimmt, was einem richtig Spaß macht, verschwinden manche Beschwerden wie von selbst.

Unzufriedenheit und Stress machen krank

Unzufriedenheit und *Stress* führen nach geraumer Zeit fast immer zu körperlichen Beschwerden wie beispielsweise Schmerzen, Erschöpfung und Magen- oder Darmproblemen. Oft fallen einem diese Beschwerden erst beim «Blick in den Rückspiegel» auf, wenn es einem wieder besser geht. Die Last fällt von einem ab, und das spürt man.

Damit ist jedoch nicht gemeint, dass man vor jeglichen Krankheiten und Gebrechen geschützt ist, wenn man seinem eigenen Kurs folgt. Das wäre zu einfach! Leider gibt es diverse Leiden, die sich trotz einer gesunden Lebensweise einstellen können. Doch viele Beschwerden und Krankheiten lassen sich besser ertragen, wenn man körperlich und seelisch im Gleichgewicht ist.

Gesund leben und *seinem eigenen Kurs folgen* sind wie zwei Seiten einer Medaille, die – so unterschiedlich sie aussehen – zu unserem *einen* Leben gehören.

Übung

- Neigen Sie eher zu einem gesunden Lebensstil?
- Oder ist es Ihnen wichtiger, sich selbst entfalten zu können im Vertrauen darauf, dass es der Körper schon mitmachen wird?
- Oder haben Sie das Gefühl, dass sich beides die Waage hält?
- Wie zeigt Ihnen Ihr Körper Grenzen auf? Wie gehen Sie damit um?

Bewegung und Ruhe verstärken sich gegenseitig

Auch andere Gegensätze verdeutlichen, worum es geht. So ist Bewegung ein absolutes Muss für die Gesundheit. Ohne Bewegung verkümmert unser Körper. Das bekommt man zu spüren, wenn man zum Beispiel wegen eines Unfalls oder einer Krankheit längere Zeit ans Bett gefesselt ist: Die Gelenke werden steif, Muskulatur und Knochen bauen ab.

Unser Körper ist schlichtweg für Bewegung geschaffen. Jeder Schritt kommt unserem Körper zugute. Wird ein Schultergelenk nicht bewegt, kann dies zu einer *frozen shoulder* führen. Auch die inneren Organe profitieren von Bewegung: Die Darmperistaltik wird in Gang gesetzt, und die Verdauung wird gefördert. Bewegung ist auch die beste Prävention für Herz-Kreislauf-Erkrankungen, denn sie normalisiert den Blutdruck und regt die Bildung neuer Blutgefäße an. Für den Körper gilt: «Wer rastet, der rostet.»

Der Körper braucht Bewegung …

Aus gutem Grund wird heutzutage nur noch bei wenigen Erkrankungen Ruhe verordnet. Mäßige Bewegung ist oft besser für die Genesung. Kein Arzt wird einer Frau nach der Geburt noch eine Woche lang Bettruhe verordnen, was zu Thrombose (und damit zur Stauung des Blutflusses im Blutgefäß) führen kann. Nach einem Herzinfarkt sollte man sich bald wieder bewegen. Auch bei Rückenschmerzen, zum Beispiel nach einem Hexenschuss, ist Bettruhe nicht angezeigt. Sich weiter vorsichtig bewegen ist hier die Devise.

Für ein gebrauchtes Auto mag es eine Empfehlung darstellen, wenn es «wenig gelaufen» ist, für den Menschen ist dies nicht der Fall.

Die *Psyche* benötigt dagegen Ruhe, zum Beispiel um jemandem gut zuhören oder sich auf eine Aufgabe konzentrieren zu können. Konzentration erfordert Ruhe, die bei Hyperaktivität als auch bei Stress fehlt. Menschen mit ADHS leiden gleichzeitig an Konzentrationsmangel und Hyperaktivität: Es gelingt ihnen nicht, ihre Aufmerksamkeit auf eine Sache zu richten. Auch die Bewegungsabläufe kommen nie zur Ruhe.

Es scheint immer weniger Menschen zu geben, die Zeit übrig haben. Fast jeder muss sich richtig Mühe geben, um in der Hektik des Alltags Momente der Ruhe zu schaffen. Und doch weiß jeder, wie gut es tut, wenn man sich konzentriert einer Aufgabe widmen kann. Konzentration ist eine Wohltat für die Seele.

… die Psyche verlangt nach Ruhe und Konzentration

Bewegung ist also in erster Linie dem Körper zuzuordnen und Ruhe der Psyche. Doch auch das Gegenteil kann seine Berechtigung haben. Obwohl Bewegung ein Grundbedürfnis des Körpers ist, kann er auch nach Ruhe verlangen, auf jeden Fall nachts, aber auch tagsüber, während einer Arbeitspause oder beim Essen und vor allem nach intensiver körperlicher Anstrengung. Sportler wissen das. Deren Kunst besteht darin, sogar *während* eines Wettkampfes kurze Ruhepausen einzubauen.

Für die Psyche gilt, dass wir zwar Ruhe und Konzentration bei der Erfüllung unserer Aufgaben brauchen. Wellen der Leidenschaft und Erregung wirken jedoch erfrischend und tragen dazu bei, dass wir das Leben genießen und uns entfalten können.

Es ist die Abwechslung, die wir oft als wohltuend empfinden. Wie zum

Beispiel während eines Aktivurlaubs, der bei allen Unternehmungen noch genügend Zeit lässt, um einfach mal nichts zu tun und auszuspannen. Oder während eines ruhigen Wochenendes nach einer turbulenten Woche.

Ruhe und Aktivität im Gleichgewicht

An einem Spitzensportler kann man beobachten, wie er sich auf eine Höchstleistung mit äußerster Konzentration vorbereitet. Unendliche Konzentration und maximales Kräfteaufgebot sind hier nur durch den Startschuss voneinander getrennt. Es spricht vieles dafür, dass gerade der Sportler, der sich am besten entspannen kann, auch am besten alle Kräfte mobilisieren wird.

Weder Ruhe noch Aktivität sollte überwiegen. Und beide müssen voll und ganz erlebt werden, um ihre Wirkung zu entfalten. Hier gilt der Grundsatz: Keine halben Sachen!

Übung

- Wie verteilen sich im Wochen- und Tagesablauf Momente der Ruhe und der Bewegung? Gibt es Tage, an denen Sie sich kaum bewegen oder gar nicht zur Ruhe kommen?
- Wie verläuft das Wochenende? Gibt es Phasen voller Aktivität und daneben auch Ruhepausen, oder ist beides nicht deutlich voneinander zu trennen?
- Wann liefern Sie (zum Beispiel während der Arbeit) eine «Spitzenleistung», und wann gibt es (kürzere oder längere) Phasen der Entspannung?
- Wann und wie kommt es während der Arbeitszeit zu Phasen äußerster Konzentration und zu Momenten voller Dynamik und Abwechslung?

Energie und Fokus

Energie treibt an, der Fokus weist die Richtung

Will man eine Tätigkeit mit gutem Ergebnis abschließen, benötigt man Energie, um voranzukommen, und einen Fokus, ein Ziel, das die Richtung, den Kurs bestimmt. Eine schöne Metapher ist das Bogenschießen, das in der Zen-Tradition sogar eine meditative Funktion hat: Pfeil und Bogen vereinen eine enorme Energie und eine präzise Ausrichtung. Energie und Fokus befinden sich im Gleichgewicht.

Energie treibt uns an und gibt uns Kraft, während der Fokus die Richtung weist, das Ziel vorgibt und Konzentration schafft. Zusammen ergeben sie den Antrieb und die Beweggründe. Energie ohne Fokus führt zu ungelenkter Aktivität. Es gibt Menschen, die vor Ideen überschäumen, deren Energie ansteckend wirkt, die aber auch einen verwirrenden und Chaos stiftenden Einfluss auf ihr Umfeld haben. Die anderen atmen oft erleichtert auf, wenn diese den Raum verlassen.

Einseitigkeiten führen nicht zum Ziel

Jemand mit Fokus, aber ohne Energie, mag vielleicht das Ziel ganz klar vor sich sehen, doch es bleibt außer Reichweite, wenn die Energie fehlt, um Rückschläge zu überwinden. Manche Menschen wissen ganz genau, was zu tun wäre, doch sie bekommen es nicht auf die Reihe und finden immer wieder neue Ausreden, warum etwas schon wieder nicht geklappt hat. Oft wird die Schuld dann im Umfeld gesucht.

> «Vision ohne Aktion ist ein Tagtraum, Aktion ohne Vision ein Albtraum.»
> *Japanisches Sprichwort*

Eigene Kräfte ins Gleichgewicht bringen …

Menschen mit einem Übermaß an Kreativität besitzen mehr Energie als Fokus, während bei «Kontrollfreaks» der Fokus im Vordergrund steht. Wir tragen beide Kräfte in uns und können durch Übung beide ins Gleichgewicht bringen. Dazu müssen wir uns besser kennenlernen und entdecken, über welche Kräfte wir verfügen und welche Einseitigkeiten uns hindern.

Übung

- Überwiegt bei Ihnen die Energie? Ermüdet Sie Ihr Engagement? Wirken Sie anstrengend auf andere Menschen? – Oder Sind Sie eher jemand, der auf ein Ziel ausgerichtet ist?
- Bringen Sie andere in Schwung, indem Sie motivieren? Oder nehmen Sie jemanden gerne an die kurze Leine, indem Sie die Richtung vorgeben?
- Fällt es Ihnen leicht, etwas anzupacken? Oder kommen Sie nur langsam in die Gänge?
- Bringen Sie eine Sache gern zu einem guten Ende? Oder stürzen Sie sich schon vor der Beendigung eines Projekts voller Begeisterung ins nächste?

Oft ist zu Beginn einer Arbeit oder eines Projekts reichlich Energie vorhanden, und wir haben das Ziel klar vor Augen, auch wenn wir noch weit davon entfernt sind. Unterwegs kann es dann schon mal außer Sichtweite geraten, wenn wir auf dem Weg dorthin falsch abgebogen sind, wenn der Weg unpassierbar ist oder länger zu sein scheint als angenommen. Die Kunst besteht darin, auch dann die Balance zu halten zwischen Energie und Fokus. Manchmal kann es gut sein, innezuhalten, um dann von Neuem die Richtung zu bestimmen; manchmal ist mehr Energie vonnöten, um den Kurs zu halten.

... und das Ziel im Auge behalten!

Training und Meditation: zwei Extreme, die sich ähnlich sind

Lucia Rijker ist eine Frau, die ein erstaunliches Maß an Ruhe und Ausgeglichenheit ausstrahlt. Sie gewann mehrere Meisterschaften im Frauenboxen und Kickboxen und machte sich durch ihren Auftritt in Clint Eastwoods Film *Million Dollar Baby* auch als Schauspielerin einen Namen.

Ihr Leben bestand – zumindest in ihrer aktiven Zeit – hauptsächlich aus zwei Aktivitäten: trainieren und meditieren. Mit intensivem Training, oft bis zur völligen Erschöpfung, sowie Meditation und Chanting (buddhistischem Singen) als Ausgleich errichtete sie ihren Erfolg auf den Grundpfeilern eines jeden (Kampf-)Sports, nämlich Bewegung und Ruhe. Dies konnte nur durch eine äußerst disziplinierte Lebensweise gelingen. Allerdings kam ihr Sozialleben dabei zu kurz: Man kann eben nicht das eine tun, ohne das andere zu lassen!

Bewegung und Ruhe sind kein Widerspruch

Die meisten von uns üben eine Arbeit aus, die weder aktives Training noch Meditation erfordert. Wir befinden uns meistens irgendwo dazwischen: weder innerlich noch äußerlich aktiv, noch extrem ruhig und konzentriert. Dennoch sollte man wissen, dass beides, Training und Meditation, zu Fähigkeiten führt, die uns auch bei der Arbeit von Nutzen sind: Konzentration, Kraft und Ruhe.

Aktivität und Regeneration

Aktivität und Regeneration deuten auf den gleichen Gegensatz hin. Der Körper wie auch die Seele brauchen Zeiten voller Aktivität und Phasen der Regeneration. Ein gesundes Maß an Aktivität und ein gesundes Maß an Erholung haben eine belebende und erfrischende Wirkung.

Passivität führt nicht automatisch zur Erholung

Oft führt psychische Aktivität zur Erschöpfung, weil sie einseitig ist. Umgekehrt muss Passivität, zum Beispiel wenn wir vor dem Fernseher sitzen, nicht unbedingt erholsam und befriedigend sein. Entspannen – beziehungsweise «Zerstreuung» – bedeutet nicht automatisch Erholung. Es ist manchmal nicht leicht, Phasen der Aktivität und der Regeneration auf eine angenehme und vitale Art in seinen Alltag zu integrieren. Wir werden noch ausführlich auf die Möglichkeiten der Regeneration eingehen (siehe Kapitel V und IX).

Bei Erschöpfung spielt der Mangel an Erholung möglicherweise eine größere Rolle als eine Überbelastung, die meist als Ursache gilt. Wenn wir uns bereits verausgabt haben, sind wir eher bereit, unsere Aktivitäten zu reduzieren. Besser wäre es, vorbeugend durch regelmäßige und sinnvolle Phasen der Regeneration Energie zu tanken und die Balance zu halten. Heutzutage muss man ein wahrer Regenerationskünstler sein, um bei all den hektischen und belastenden Einflüssen seinen Elan zu behalten.

Regeneration ist der Gegenpol zum Stress – und nicht Passivität!

Übung

- Wie verteilen sich Zeiten der Aktivität über den Tag und die Woche? Welche Art von Aktivität tut Ihnen gut, und welche belastet Sie?
- Wie gestalten Sie Phasen der Regeneration? Welchen Platz haben sie in Ihrem Wochen- und Tagesablauf?
- Wie erholen Sie sich am besten nach einer anstrengenden Tätigkeit? Möchten Sie lieber allein sein oder in Gesellschaft? Genießen Sie die Natur oder bleiben Sie lieber zu Hause? Genießen Sie es, zu lesen oder die Augen zu schließen und Musik zu hören oder …?

Ora et labora – bete und arbeite

Ein im Mittelalter lebender Mensch würde dieses Kapitel (vielleicht auch das ganze Buch) mit *ora et labora* überschreiben – «bete und arbeite». So würden wir es heute nicht mehr ausdrücken, aber wir verstehen, was es bedeutet: Sei aktiv nach außen und nach innen! Tue, was du tun musst, privat und bei der Arbeit, aber nähre auch deine Seele und deinen Geist. Ohne die Pflege und Entwicklung seiner Innenwelt verkümmert ein Mensch und wird eines Tages ausgebrannt sein.

«Bete und arbeite» appelliert auch an die Sinnhaftigkeit unseres Handelns. Es tut uns gut, einer sinnerfüllten Tätigkeit nachzugehen. Das ist auf vielerlei Art möglich. Überlegen Sie einmal, von welcher Arbeit unzähliger Menschen Sie profitieren, ohne sich dessen bewusst zu sein. Ob das nun der Bäcker ist, der Florist, der Müllmann oder der Bauarbeiter: Man könnte Hunderte von Beispielen nennen.

Sinnhaftigkeit als innere Stütze

Sinnhaftigkeit vermittelt sich auch dadurch, dass man seinem inneren Kurs folgt. Er kann genauso viele Schattierungen haben, wie es Menschen gibt. Es kann ein meditativer Kurs sein, ein wissenschaftlicher, religiöser oder künstlerischer. Er bildet auch eine innere Stütze, wenn die äußeren Verhältnisse, zum Beispiel der Beruf oder die Beziehung, ins Wanken geraten.

Für den Menschen im Mittelalter war der Gegensatz zur Arbeit nicht Freizeit, sondern das Gebet. Der *vita activa* stand die *vita contemplativa,* der Aktivität eine kontemplative, besinnliche, in Betrachtung versunkene Lebensweise gegenüber – also keineswegs pure Passivität oder Entspannung. Beide Haltungen können große Befriedigung und Energie vermitteln.

Ein Unterschied wie Tag und Nacht

Etwa ein Drittel unseres Lebens verbringen wir mit Schlafen. Weil wir kaum Erinnerungen an die Nacht ins Tagesbewusstsein mitnehmen, unterschätzen wir gerne die Bedeutung, die der nächtliche Schlaf für unser ganzes Dasein hat. Es ist wie mit der Rückseite des Mondes: Wir wissen zwar, dass sie existiert, sehen sie aber nie.

Erholsame Nachtruhe ist entscheidend für unsere Vitalität

Es gibt viele Rhythmen im menschlichen Leben, doch der Rhythmus von Tag und Nacht ist von zentraler Bedeutung. Qualität und Dauer der Nachtruhe sind entscheidend für die Vitalität. Gut schlafen und ausreichend schlafen sind deren Grundvoraussetzungen, die wesentlich zur Lebensqualität beitragen.

Nur wenige Menschen können von sich behaupten, dass sie gut schlafen. Viele haben sich an Schlafstörungen gewöhnt. Ein ausgefüllter Alltag, psychische Belastung, Lärm, viel Licht: All diese Dinge fordern ihren Tribut.

Der Schlafforscher Gerard A. Kerkhof[2] spricht in diesem Zusammenhang von einer «kulturellen Schlafinflation». Wir gönnen uns immer weniger Zeit für die Nachtruhe. Elektrisches Licht, das Fernsehen und der Computer tragen nicht unerheblich dazu bei. Der Burn-out-Experte Theo Compernolle[3] bezeichnet Schlafmangel sogar als einen der Hauptgründe für Burn-out. Machen wir doch mal ein Rechenbeispiel: Wenn wir uns jede Nacht 20 Minuten zu wenig Schlaf gönnen, sammeln sich enorme «Schlafschulden» an. Es ist vergleichbar mit einem Bankkonto, von dem man jede Woche hundert Euro zu viel abhebt. Und das geht ganz schnell.

Schlafmangel summiert sich

Qualität und Dauer unseres Schlafes sind auch ausschlaggebend für die Qualität unserer Arbeit. Doch diese Verbindung wird oft nicht gesehen. In Beratungen zur Optimierung von Arbeitsprozessen steht das Thema Schlaf wohl kaum auf der Agenda.

Aktivität und Ruhe kehren im Rhythmus von Tag und Nacht wieder: Tagsüber sind wir aktiv, und nachts ruhen wir. Aber auch *ora et labora* spiegelt sich in Tag und Nacht wider: Nachts regenerieren wir nicht nur. Nach den vielen Eindrücken des Tages finden wir in der Nacht wieder zu uns selbst zurück. – Darüber mehr in Kapitel V.

Gesundheit und Authentizität – Triebkräfte des Lebens

Wer Schmerzen hat oder krank ist, wird *Gesundheit* als das höchste Gut schätzen lernen, das mit keinem Geld der Welt zu erkaufen ist. Gesundheit ist der Motor, die Triebkraft für unser Handeln.

Vieles spricht dafür, *Authentizität* als eine der wichtigsten inneren Kraftquellen zu bezeichnen. Authentizität bedeutet, echt und glaubwürdig zu sein, ehrlich und aufrichtig, ohne sich für Konventionen oder «politisch korrektes» Verhalten zu verbiegen. Es gibt keine einheitliche Definition von Authentizität. In Kapitel XII werden wir versuchen, die Bedeutung mithilfe von Fragen und Eigenschaften einzugrenzen.

Wie nutze ich mein Potenzial?

Authentizität ist eine Kraft, die bei der Erkenntnis hilft, was in einem steckt. Robert Kaplan plädiert in der *Harvard Business Review*[4] dafür, nicht die Frage zu stellen: «Wie erreiche ich die Spitze?», sondern stattdessen: «Wie nutze ich mein Potenzial? Wie gelingt es mir, meine Möglichkeiten auszuschöpfen?» Oft steckt mehr in einem selbst, als man erwartet – auf jeden Fall ist es etwas Eigenes. Im selben Magazin wurde von einer Untersuchung berichtet, aus der hervorging, dass authentische Manager bessere Chefs sind: effektiver, transparenter, glaubwürdiger.[5]

Gesundheit hilft auf der körperlichen, Authentizität auf der mentalen Ebene, sich darüber klar zu werden, was man erreichen möchte. Damit gehören auch Gesundheit und Authentizität in die Liste der Gegensatzpaare, in denen wir die Voraussetzungen für Vitalität gefunden haben.

gesund leben	dem eigenen Kurs folgen
Bewegung	Ruhe
Energie	Fokus
Training	Konzentration
labora	ora
Aktivität	Regeneration
Tag	Nacht
Gesundheit	Authentizität

Die Balance der Gegensätze macht vital

Dies alles sind unterschiedliche Facetten ein und derselben Sache. Sie sind grundlegend mit allem verbunden, was wir sind und was wir tun. Gerade die Balance der Gegensätze macht vital. Indem wir unsere Aufmerksamkeit auf diese Gegensätze richten, verbessern wir unsere Lebens- und Arbeitsqualität.

Übung

- Was lösen die genannten Begriffspaare bei Ihnen aus?
- Welche sprechen Sie besonders an? Mit welchen sind Sie bereits vertraut?
- Wo sehen Sie Ausbaupotenzial? Wie können Sie es aktivieren? – Was möchten Sie wann tun, wie oft, alleine oder gemeinsam, wie lange …?
- Welches Gegensatzpaar hat für Ihre berufliche Tätigkeit die größte Bedeutung? Inwiefern?
- Welcher Gegensatz ist Ihnen neu? Welchen könnten Sie vielleicht einmal in Angriff nehmen?

IV. Ohne Bewegung geht es nicht

Sich nicht bewegen würde Untätigkeit bedeuten, der Körper würde schlichtweg verkümmern. Wir würden steif, schwach und krank werden. Hinzu kommt, dass Bewegung eines der wirksamsten Anti-Stress-Mittel ist und sich unmittelbar auf unsere Gemütsverfassung auswirkt. Man fühlt sich fit und kräftig, man kann sich besser konzentrieren, und die Arbeit profitiert davon.

Bewegung ist das beste Anti-Stress-Mittel …

Bewegung ist also ein Muss, und doch haben wir uns einen gewaltigen Bewegungsmangel verordnet. Wir gehen oder stehen (mit der Sporttasche) die Rolltreppe zum Fitnesscenter hinauf und sind genervt, wenn wir nicht direkt vor der Tür einen Parkplatz finden. Wir warten lieber auf den Aufzug, obwohl wir in derselben Zeit die Treppe hinaufgehen könnten. Immer wieder erfinden wir Dinge wie zum Beispiel die Fernbedienung oder die Kommunikation per E-Mail, die wiederum ein bisschen Bewegung aus unserem Leben verbannen.

Der Arbeitsplatz und auch der Weg zur Arbeit sind ein bewegungsarmer Bereich geworden. Viele Berufe spielen sich hauptsächlich vor Computerbildschirmen ab, was weniger Bewegung und weniger soziale Kontakte zur Folge hat. Gerade der Schriftverkehr per E-Mail hat viele kurze Gespräche mit der damit verbundenen Bewegung ersetzt. So mancher Tag vergeht ohne nennenswerte Bewegung. Als würden wir uns freiwillig in einen Rollstuhl setzen. Auf der anderen Seite versuchen wir, den Bewegungsmangel mit sporadischem Sport auszugleichen.

Zu viele Kalorien oder zu wenig Bewegung?

… und die effektivste Schlankheitskur

Mehr als die Hälfte der erwachsenen Bevölkerung in Deutschland ist nach Angaben des Statistischen Bundesamts zu dick.[6] Ungesunde Ernährung wird meist als Hauptursache betrachtet. Doch selbst ein Verzicht auf Kalorien schützt bei Bewegungsmangel nicht automatisch vor Übergewicht.

Die Gleichung, bei der man von der Kalorienzufuhr durch Essen und Trinken den Verbrauch durch Bewegung abzieht, geht bei extremem Bewegungsmangel nicht mehr auf. Denn die natürliche Balance geht auf diesem Energieniveau bereits durch den geringsten Kalorienüberschuss verloren. Dabei kann selbst ein Keks pro Tag oder ein Stückchen Schokolade zu einer Gewichtszunahme von einem Kilo oder mehr pro Jahr führen. Der Körper schaltet auf «Sparmodus» um und «sammelt» Gewicht. Eine solche gestörte Balance bedeutet Gewichtszunahme auch bei kalorienarmer Ernährung.

Sandra: «Ich habe abgenommen, nachdem ich beschlossen hatte, mit dem Zug zur Arbeit zu fahren. Nun muss ich (oder darf ich) täglich 20 Minuten zu Fuß vom Bahnhof zu meiner Arbeitsstelle gehen und wieder zurück. Das Schöne daran ist, dass es weniger stressig ist, auch wenn die Fahrt nun etwas länger dauert. Ich habe unterwegs genügend Zeit, mir über meine Arbeit Gedanken zu machen, und komme abends ausgeruhter nach Hause.»

Drei Arten von Bewegung

Jede Form der Bewegung ist sinnvoll!

Jeder, der sich regelmäßig bewegt, spürt, welche Wohltat dies sein kann. Man kann zwischen sportlicher Aktivität, rhythmischer Bewegung und den sogenannten «kleinen Bewegungen» unterscheiden. Jede dieser Bewegungsformen nützt in anderer Hinsicht, und darum brauchen wir sie alle drei.

Work-out – einen freier Kopf durch Sport

Intensives Training – auch *Work-out* oder im Fachjargon *Cardiotraining* (Ausdauer-Training) genannt – treibt den Puls in die Höhe, man schwitzt und eine Unterhaltung ist nicht mehr möglich. Man ist so aktiv, dass man nur noch aus «Körper» zu bestehen scheint. Viele genießen es beim Sport sehr, dass der Kopf «frei» wird. Für einen Moment fällt alles von einem ab ...

Peter nahm an einem Workshop über Stress- und Vitalitätsmanagement teil. Danach begann er, einmal pro Woche Sport zu treiben. Seine Erfahrung lautet: «Der einzige Moment, in dem mein Rucksack voller Verantwortung leer zu sein scheint, ist nach dem Sport.»

Rhythmische Bewegung: Flow und Inspiration

Rhythmische Bewegung ist eine harmonische, gesunde Art, sich zu bewegen. Man kann sich währenddessen unterhalten oder nachdenken. Obwohl dieses Nachdenken nicht die Stufe der Konzentration erreicht, die man

Kreativität durch rhythmische Bewegung

braucht, um eine schwierige Rechenaufgabe zu lösen, so ist es doch eine Art kreatives Sinnieren. Rhythmische Bewegung bringt einen in Fluss. Sie bewirkt, dass wir unsere Kreativität entfalten. Man kann sich dabei alle möglichen Arten von Bewegung vorstellen: Gartenarbeit, Wandern, Tanzen, Yoga, Tai Chi ...

Diese Form von Aktivität wird erst dann so richtig angenehm (wie übrigens alle Arten von Bewegung), wenn sie ohne Zeitdruck ausgeübt wird. Zeitdruck und Eile sind Gift. Hastiges Gehen oder zu schnelles Singen sind ein Widerspruch in sich. Jeder von uns weiß, wie anstrengend und stressig es ist, wenn man sich beeilen muss. *Flow* – jener Einklang aller körperlichen und geistigen Abläufe, das totale Aufgehen in einer Tätigkeit – entsteht erst dann, wenn man eine Bewegung im jeweils «eigenen» Tempo ausführen kann, nicht zu schnell und nicht zu langsam. Dieser Flow ruft wiederum gute neue Ideen hervor, er inspiriert.

Kleine Bewegungen – *changing channels*

Auf Bequemlichkeiten verzichten

Kleine Bewegungen lassen sich den ganzen Tag hindurch ausführen: während der Arbeit mal kurz aufstehen und einen Kollegen von Mensch zu Mensch ansprechen anstatt anzurufen oder zu mailen; einmal um den Block gehen, wenn man ein paar Minuten zu früh ist; statt des Aufzugs die Treppe nehmen ... Am Flughafen kann man neben statt auf den Rollbändern gehen (im Flugzeug muss man sowieso lange sitzen).

Mit einem *Schrittzähler* lässt sich die Summe all dieser kleinen Bewegungen ermitteln. Natürlich registriert er nur die Schritte und keine anderen Bewegungen wie zum Beispiel Fahrradfahren oder Fitnesstraining. Es hat sich jedoch gezeigt, dass die Anzahl unserer Schritte in etwa der Gesamtmenge an Bewegung entspricht, die wir ausführen.

Es trifft uns natürlich sehr, wenn wir abends feststellen, dass wir tagsüber zu wenig gelaufen sind. Dann sollten wir uns während eines kurzen Abendspaziergangs überlegen, wie wir unser Bewegungspensum am nächsten Tag steigern können.

Abwechslung belebt Geist und Körper

Die kleinen Bewegungen ermöglichen, was auch *changing channels* genannt wird: für einen kurzen Moment etwas anderes tun – das «Programm wechseln». Das tut nicht nur dem Körper gut, sondern auch dem Geist, weil man seine Sinne auf etwas anderes richtet, anstatt monoton nach dem gleichen Muster weiterzumachen. Es regt die Kreativität an, wenn wir ab und zu aus unserem eintönigen Trott ausscheren, und dazu sind diese kleinen Bewegungen ein ausgezeichnetes Hilfsmittel.

Persönliches Bewegungsprofil

Bewegung ist etwas sehr Individuelles. Der Rat, sich mehr zu bewegen, gilt zwar für (fast) jeden von uns, doch wie und wann dies geschehen soll, kann sehr verschieden sein. Abgesehen von den Lebensumständen haben wir auch unterschiedliche Vorlieben. Die Kunst besteht also darin herauszufinden, was für uns selbst in der jeweiligen Lebenssituation die passende Art der Bewegung sein könnte.

Freiräume für mehr Bewegung finden

In der Praxis zeigt sich, dass es eine noch größere Kunst ist, Freiräume für mehr Bewegung zu finden. Arbeit und Familie bestimmen die Wochenplanung, meist bleibt wenig Zeit für zusätzliche Aktivitäten.

David widmet sich voller Hingabe seinem Beruf und investiert viel Zeit dafür. Die verbleibenden Stunden verbringt er mit seiner Familie. Er würde sich schuldig fühlen, wenn er noch weniger Zeit für sie hätte. Wann sollte er da noch Sport treiben? Die Lösung des Dilemmas: Joggen, während sein kleiner Sohn mit dem Fahrrad nebenherfährt.

André hastet nach einem Arbeitstag von bis zu elf Stunden nach Hause, um seiner Frau bei der Betreuung der Kinder beizustehen. Für Sport bleibt da wirklich keine Zeit mehr, obwohl er das Bedürfnis danach hätte.
Als wir uns den Verlauf seiner Arbeitswoche näher betrachten, muss er zugeben, dass ab Mittwoch seine Energie deutlich nachlässt und dass er donnerstags und freitags vor dem Computerbildschirm öfter mal einnickt. Wir sind uns einig, dass damit niemandem gedient ist. Er nimmt sich vor, mittwochs etwas früher aufzuhören, Sport zu treiben und dann zur selben Uhrzeit wie immer zu Hause zu sein. Die kürzere Arbeitszeit gleicht er dadurch aus, dass er am Donnerstag und Freitag viel aktiver und konzentrierter bei der Arbeit ist.
Er nimmt sich außerdem vor, seine Ambitionen, sich selbstständig zu machen, für die nächsten drei Jahre zurückzustellen, bis im häuslichen Bereich mehr Zeit und Ruhe eingekehrt sind. Dieser Entschluss gibt ihm eine große innere Gelassenheit und bewirkt, dass er sich auf seine jetzigen Aktivitäten besser konzentrieren kann.

Wie und wann sich jemand im Laufe der Woche bewegt, ergibt das *persönliche Bewegungsprofil*. Es ist bei jedem anders.

Bevor Sie an Ihrem Bewegungsprofil etwas verändern, sollten Sie sich verdeutlichen, wie Ihre Woche verläuft. Wochentage und Wochenendtage unterscheiden sich stark; und wieder anders verhält es sich mit freien Tagen unter der Woche.

Was können Sie an den unterschiedlichen Tagen an Sport, rhythmischer Bewegung und kleinen Bewegungen praktizieren? Erstellen Sie Ihr persönliches Bewegungsprofil (siehe S. 63).

Ohne Bewegung keine Gesundheit

Bewegung liefert mehr Energie, als wir dafür aufwenden müssen

Häufige Krankheiten, die durch unseren modernen Lebensstil mitverursacht werden – zum Beispiel Herz- und Gefäßerkrankungen, Diabetes, Osteoporose und psychische Störungen –, können ihren Ursprung im Bewegungsmangel haben.

Wir sollten Bewegung als Investition betrachten, sowohl für den Körper als auch für die Psyche: Bewegung liefert viel mehr Energie, als wir dafür aufwenden müssen.

Susanne ist erstaunt, dass Sport am Sonntagnachmittag auch ihrem Schlaf zugute kommt, den sie nun als tiefer und erholsamer erlebt. Im Fitnessstudio geht es zu diesem Zeitpunkt, der am einfachsten mit ihrer Arbeitszeit zu vereinbaren ist, deutlich ruhiger zu als unter der Woche.

Edwin fand heraus, dass Sport am Freitagabend für ihn die ideale Möglichkeit darstellt, seine Arbeitswoche hinter sich zu lassen und befreit ins Wochenende zu gehen. – Manche werden hellwach, wenn sie abends Sport treiben; es ist dann besser, tagsüber zu trainieren. Dann kann man ebenfalls von der positiven Wirkung auf den Schlaf profitieren.

Janine hat ihre Sporttasche immer im Auto liegen. Sport treibt sie gleich nach der Arbeit. Sie kennt sich selbst zu gut: Einmal zu Hause angekommen, kostet es sie sehr viel Überwindung, sich noch mal aufzuraffen.

Richtlinien für sportliche Aktivität

Es gibt keine Norm dafür, wie viel Bewegung ein Mensch braucht. Es gibt jedoch sinnvolle Richtlinien. Letztlich ist es auch eine persönliche Entscheidung, wie oft und wie viel man sich bewegen möchte.

Regelmäßig Sport treiben ...

Reichlich Bewegung ist Voraussetzung, um gesund zu bleiben. Wer darüber hinaus seine Fitness verbessern möchte, sollte regelmäßig Sport treiben. Der Unterschied besteht darin, dass beim Sport der Puls steigt, dass man tief atmet und kräftig schwitzt. In den Tagen nach dem Training hat man das schöne Gefühl (sofern sich kein Muskelkater einstellt), dass man seinen Körper intensiv «benutzt» hat.

Es wird empfohlen, zwei- bis dreimal pro Woche Sport zu treiben, jeweils mindestens zwanzig, besser dreißig Minuten.

Um herauszufinden, welche *Sportart* für Sie die richtige ist, sollten Sie sich ein paar elementare Fragen stellen: Möchte ich mich drinnen oder draußen bewegen? Möchte ich mich alleine, zu zweit oder in der Gruppe betätigen? Der eine möchte in seiner Planung ganz flexibel sein, der andere strebt einen festen Termin an, ob als Druckmittel oder weil es ihm Spaß macht, in der Gemeinschaft Sport zu treiben.

... und persönliche Vorlieben entdecken

Fitnessstudios sind für viele ein Albtraum, aber sie bieten eine Menge Vorteile: verschiedene Trainingsmöglichkeiten, professionelle Begleitung, Feedback anhand von Messungen, und auch bei schlechtem Wetter oder nach Einbruch der Dunkelheit kann man dort sein Trainingsprogramm absolvieren. Wem der Trubel dort unangenehm ist, der sollte sich eher eine ruhigere Zeit aussuchen. Und mit einem MP3-Player lässt sich der Aufenthalt kurzweiliger gestalten.

Viele entdecken auf der Suche nach der passenden Sportart alte Hobbys wieder: Hockey, Rudern, Boxen etc. Überlegen Sie einmal, welche Sportart Sie früher betrieben haben und gerne wieder aufgreifen würden. Vielleicht lassen sich auch ehemalige Mitstreiter wieder dafür begeistern.

Sich etwas vorzunehmen, was keinen Spaß macht, ist nicht ratsam und führt nur selten zum Ziel. Es spricht nichts dagegen, etwas Neues auszuprobieren, doch man sollte sich nicht gleich mit einem Jahresabo quälen.

Übung

- Welche Sportart spricht Sie an?
- Möchten Sie drinnen oder draußen Sport treiben?
- Möchten Sie alleine, zu zweit oder in der Gruppe Sport treiben?
- Möchten Sie zu einem festen Zeitpunkt Sport treiben oder lieber flexibel bleiben?
- Bevorzugen Sie Mannschaftssport – zum Beispiel Ballspiele – oder eher eine Ausdauersportart wie Laufen, Schwimmen etc.?

Vor einigen Jahrzehnten sah man vor allem jüngere Leute beim Sport, doch dieses Bild hat sich glücklicherweise geändert. Passende Sportangebote gibt es für jeden, und man ist nie zu alt, um diese zu nutzen.

Alexander machte in jungen Jahren Karate. Dann wurde sein Leben immer mehr mit Arbeit und Familie ausgefüllt. Beruflich begleitet er Kollegen aller Abteilungen bei ihrer Karriereplanung und -entwicklung. Seine Tätigkeit bietet kaum Bewegungsmöglichkeiten. Jetzt, kurz nach seinem 50. Geburtstag, hat er wieder mit Karate begonnen und gibt sogar Kurse für Jugendliche – darunter ist auch sein Sohn. Der spielerische Wettkampf zwischen Vater und Sohn scheint ihre Beziehung zu bereichern. Außerdem vermittelt die Unterrichtssituation neue Fertigkeiten, von denen er auch beruflich profitiert.
Dies ist ein gutes Beispiel für eine Aktivität, die nicht nur Kondition und Fitness verbessert, sondern auch eine soziale Wirkung hat (Vertiefung der Beziehung zu seinem Sohn) und sich positiv im Berufsleben bemerkbar macht (Fähigkeiten bei der Vermittlung von Wissen und Erfahrung).

Annemarie stellt hohe Ansprüche an sich selbst. So meint sie zum Beispiel, dass sie zu viel wiegt, obwohl ihr Gewicht objektiv gesehen ganz akzeptabel ist. Auch hat sie einiges an ihrem Aussehen auszusetzen, und sie findet andere Frauen oft viel hübscher. Beim Sport bereitet es ihr Probleme, dass ihr (trainierter) Partner schneller läuft als sie. Sie empfindet dies als Schwäche. Auch bei der Arbeit beeinflusst sie dieses Gefühl der Unzulänglichkeit ständig.
Ich führe mit Annemarie ein Gespräch über den «idealen» Körper und über Vitalität. Mein Rat lautet, an einem belebten Platz eine Weile die Menschen zu beobachten, die an ihr vorbeikommen, und den Eindruck, den diese auf sie machen.

Am ersten Schultag nach den Sommerferien gönnt sie sich dieses Schauspiel und betrachtet andere Mütter, die am Bahnhof an ihr vorübergehen. Bestimmt 80 Prozent der Frauen machen einen erschöpften und müden Eindruck. Es war wohltuend für sie zu sehen, dass die Ausstrahlung eines Menschen viel mehr über ihn aussagt als ein mehr oder weniger perfekter Körper.
Das «Sportproblem» hat sie in den Griff bekommen mit Aquajogging – Laufen im Wasser mit Auftriebsgürtel –, bei dem sie auch im Tempo mit ihrem Mann mithalten kann. Ihr negatives Selbstbild hinderte sie daran, voller Freude Sport zu treiben. Nun hat sie eine Sportart gefunden, bei der dies kein Problem mehr darstellt. Gleichzeitig hat sie die Messlatte für eine «perfekte» Figur etwas tiefer gehängt.
Indem sie eine Bewegungsform gefunden hat, die zu ihr passt, durchbricht sie den Teufelskreis von Bewegungsmangel und Unzufriedenheit mit ihrem Körper. Das gute Körpergefühl und die Fitness durch Sport beeinflussen auch ihre Arbeitseinstellung positiv.

Tipps

- Überwachen Sie Ihre Kondition – zum Beispiel im Fitnessstudio. Dies führt Ihnen neben der momentanen Leistungsfähigkeit auch einige grundlegende Körperwerte vor Augen: Gewicht, Bauchumfang und Körperfettanteil. Regelmäßige Kontrolle verbessert die Selbsteinschätzung, und außerdem macht es Spaß, sich hin und wieder in Zahlen bestätigen zu lassen, dass man sich verbessert hat.
- Wenn Ihnen eine arbeitsreiche und stressige Woche bevorsteht, treiben Sie am vorangehenden Wochenende besonders viel Sport.
- Nehmen Sie Ihre Sporttasche mit ins Auto. Wenn Sie mal unerwartet Zeit übrig haben, können Sie – zum Beispiel auf dem Heimweg nach der Arbeit – noch ein bisschen Sport treiben.
- Wer einen Heimtrainer benutzt, kann währenddessen auch fernsehen oder Musik hören – oder sogar ein Buch lesen.

Richtlinien für gesunde rhythmische Bewegung

Die Weltgesundheitsorganisation (WHO) empfiehlt Erwachsenen unabhängig vom Alter möglichst täglich mindestens 30 Minuten moderate körperli-

30 Minuten täglich für die Fitness

che Aktivität wie zum Beispiel schnelles Gehen, Fahrradfahren oder Schwimmen.[7] Auch Yoga oder Tai Chi können für die nötige Bewegung sorgen. Selbst Gartenarbeit, Bügeln oder Autowaschen tragen zur Fitness bei, auch wenn dabei nicht sehr viele Kalorien verbrannt werden.

Kleine Bewegungen: Jeder Schritt zählt

Ein Schrittzähler misst auf einfache Art die Anzahl unserer Schritte. Vielleicht mag es auf den ersten Blick albern erscheinen, mit einem solchen Gerät herumzulaufen. Untersuchungen[8] haben jedoch gezeigt, dass der Einsatz eines Schrittzählers zu mehr Bewegung anregt und Personen, die ihn tragen, ihr tägliches Laufpensum um etwa 2000 Schritte steigern. Wir freuen uns, wenn das Display am Ende des Tages eine stattliche Zahl anzeigt, und wir wollen vermeiden, dass wir wieder unter dieses Niveau zurückfallen. Manchmal genügen solche einfachen Tricks, um unser Verhalten positiv zu beeinflussen. Ein Tagebuch, in das die täglich zurückgelegten Schritte eingetragen werden, kann eine zusätzliche Hilfe sein, den Erfolg über einen längeren Zeitraum aufrechtzuerhalten.

10 000 Schritte als tägliches Bewegungspensum

Als Richtwert, der von vielen Ärzten und Organisationen empfohlen wird, können 10 000 Schritte pro Tag gelten. Dieses Pensum wird allerdings von den wenigsten auch nur annähernd erreicht, obwohl es das einfachste Mittel ist, die häufigsten «Zivilisationskrankheiten» zu vermeiden, zu lindern oder gar zu heilen, darunter Übergewicht, Bluthochdruck, Herzinfarkt, Altersdiabetes, Krebs, Osteoporose, Rückenschmerzen. Für die Tagesleistung ist auch die berufliche Situation entscheidend. Während ein Briefträger 15 000 Schritte täglich zurücklegt, ein Verkäufer immerhin noch 5000, sind es bei einem Manager gerade mal 3000, bei einem Telefonisten sogar nur 1200.[9] Der Aufstieg auf der Karriereleiter ist dabei oft mit einem Abstieg auf der Fitnessskala verbunden, wie es am Beispiel von chinesischen Soldaten sichtbar wird, die regelmäßig zunehmen, sobald sie befördert werden.

Versuchen Sie also nicht aus Zeitmangel oder wegen Stress, die kleinen Bewegungen aus Ihrem Leben zu verbannen. In Deutschland hat die Ambulanz für Prävention und Integrative Medizin (CHAMP) der Berliner Charité vor einigen Jahren das Projekt *Zehntausendschritte* ins Leben gerufen, das zum Beispiel mit Veranstaltungen, Wandertouren und vielen praktischen Tipps zu mehr Bewegung im Alltag anregen möchte (www.zehntausendschritte.de).

Tipps für kleine Bewegungen

- Nehmen Sie bei der Arbeit, im Kaufhaus usw. prinzipiell die Treppe und meiden Sie den Aufzug. Sind es wirklich zu viele Etagen, sollten Sie mindestens drei davon zu Fuß gehen; treppabwärts gehen ist eigentlich nie ein Problem (höchstens die Monotonie der meisten Treppenhäuser).
- Machen Sie an Ihrem Arbeitsplatz Vorschläge, wie man das Treppenhaus ansprechender gestalten könnte, zum Beispiel mit Musik oder einer wechselnden Kunstausstellung.
- Lassen Sie das Auto in der Garage, und fahren Sie mit dem Fahrrad oder gehen Sie zu Fuß! Eine Viertelstunde laufen ist herrlich, und außerdem sieht man dabei viele neue Dinge.
- Parken Sie das Auto ein paar Straßen vor dem Ziel, laufen Sie das letzte Stück und genießen Sie es.
- Mit dem Fahrrad einkaufen? Das spart Parkgebühren, und in einer Fahrradtasche lässt sich eine Menge transportieren. Ein weiterer Vorteil ist, dass Sie möglicherweise weniger einkaufen, als wenn Sie das Auto voll beladen könnten.
- Machen Sie einen kleinen Spaziergang, wenn Ihnen in der Mittagspause ein kurzes Nickerchen nicht möglich ist. Bereits zehn Minuten an der frischen Luft helfen spürbar.
- Wanderkonferenzen: Manche Gespräche zu zweit, zum Beispiel während eines Brainstormings, oder ein klärendes Gespräch, um eine gestörte Beziehung wieder ins Lot zu bringen, lassen sich viel besser im Gehen führen statt im Sitzen.
- Legen Sie die Fernbedienung zur Seite, das beugt auch dem sinnlosen Zappen vor. Aufs Jahr gerechnet kann die Bewegung, die man durch eine Fernbedienung vermeidet, ein paar Pfund an Gewicht ausmachen (natürlich abhängig von der Fernsehdauer).
- Steigen Sie eine (Bus- / Bahn-)Haltestelle früher aus und gehen Sie das letzte Stück zu Fuß.
- Handys und schnurlose Telefone haben den Vorteil, dass Sie beim Telefonieren nicht mehr sitzen müssen.
- Sie und auch Ihre Kinder profitieren davon, wenn Sie den gemeinsamen Weg zur Schule oder zum Kindergarten zu Fuß oder mit dem Fahrrad machen.
- Ergänzen Sie eigene Vorschläge: ....

Ungesunde Bewegung durch Hast und Eile

Ein wichtiges Thema ist die Eile, mit der wir uns bewegen. In einer weltweit angelegten Studie hat der Psychologe Richard Wiseman untersucht, wie schnell sich Fußgänger in unterschiedlichen Großstädten bewegen. Dabei hat sich eine Geschwindigkeitszunahme von durchschnittlich zehn Prozent in den vergangenen zehn Jahren gezeigt. In Singapur, das den Spitzenplatz einnimmt, gingen die Menschen zu Beginn dieses Jahrhunderts sogar 30 Prozent schneller als Anfang der 1990er-Jahre.[10]

Auch beim Sprechen sind wir schneller geworden. Ob wir damit Zeit sparen, ist eigentlich eine überflüssige Frage. Ebenso ob mehr sinnvolle Dinge gesagt werden ...

Hast und Eile – Feinde gesunder Bewegung

Obwohl wir wissen, wie belastend Hast und Eile sind, passen wir uns diesem ungesunden Tempo an und lassen uns von der Hektik anstecken. Ein Spaziergang zum Bahnhof kann sehr angenehm sein, sobald wir aber unter Zeitdruck den nächsten Zug erreichen müssen, werden unsere Bewegungen anstrengend und verkrampft. Dadurch werden wir auch anfälliger für Verletzungen und Überlastung.

Hast-und-Eile-Barometer

- Schauen Sie öfter auf die Uhr als andere?
- Werden Sie schnell ungeduldig?
- Sind Sie oft als Erster beim Essen fertig?
- Sind Sie schnell frustriert, wenn Sie in einer belebten Fußgängerzone nicht vorankommen?
- Sind Sie irritiert, wenn Sie eine Stunde lang nichts zu tun haben oder nichts unternehmen können?
- Verlassen Sie einen Laden oder ein Restaurant, wenn Sie eine kleinere Warteschlange sehen?
- Ärgern Sie sich im Stau mehr als andere?

Haben Sie mehr als vier Fragen mit Ja beantwortet? In diesem Fall können Ihnen die Tipps auf der folgenden Seite helfen, die Hektik aus Ihrem Alltag zu verbannen.

Auch Tätigkeiten im Haushalt müssen nicht unangenehm sein. Das ändert sich, wenn sie hastig ausgeführt werden, aber auch, wenn sie nicht entsprechend gewürdigt werden. Hast und Eile stehen also im Gegensatz zu angenehmer und gesunder Bewegung.

Auch *einseitige Bewegung* ist ungesund, was beispielsweise beim RSI-Syndrom *(Repetitive Strain Injury Syndrom)*, dem sogenannten Mausarm, deutlich wird. Selbst bei geringem Kraftaufwand können stereotype Bewegungsabläufe, etwa beim Arbeiten am Computer, zu einer Überlastung des Bewegungsapparats führen. Dies macht sich irgendwann schmerzhaft bemerkbar, kann Körperirritationen hervorrufen und einen chronischen Verlauf nehmen.

Einseitige Bewegung führt zur Überlastung

Wie gesund eine Bewegung ist, hängt vor allem davon ab, ob man sie mit *Freude* ausübt und ob man einen *Sinn* darin sieht. Freude und Sinnhaftigkeit fördern die Durchblutung und durchwärmen den Organismus. Stress und Apathie bewirken dagegen, dass man bei schlechter Durchblutung verkrampft.

Tipps

- Laufen Sie langsamer als gewohnt. Dies gibt Ihnen Gelegenheit, Ihre Umgebung genauer zu beobachten. Achten Sie auf Ihren Atem, der tiefer und gleichmäßiger wird, wenn Sie langsamer laufen.
- Versuchen Sie einmal, alltägliche Bewegungen – wie das Ausräumen der Spülmaschine, Staubsaugen, Bügeln oder Wäsche-Zusammenlegen – mit voller Aufmerksamkeit und Konzentration auszuführen. Denken Sie währenddessen nicht daran, was Sie eigentlich lieber machen würden oder was vielleicht «wichtiger» wäre. – Was ist angenehmer: die Aufgabe schnell erledigen oder sie in Ruhe und bedachtsam ausführen? Bringt Eile Ihnen eine große Zeitersparnis?
- Ein Tag ohne Armbanduhr funktioniert hervorragend. Abgesehen von der Tatsache, dass wir fast überall von Uhren umgeben sind, bekommt man ohne Armbanduhr ein besseres Zeitgefühl.

«Das Leben ist so kurz, dass wir den Lebensweg langsam beschreiten sollten.»
Thailändische Redensart

Bewegung verbessert die Stimmung

Seelische und geistige Wirkung von Bewegung

Die Theologin Ineke Aalbers, die über die Wirkung einer Wallfahrt bei Beschwerden wie Depressionen, Stimmungsschwankungen und chronischen Schmerzen promovierte, weist darauf hin, dass lange Fußmärsche eine besonders positive Wirkung auf die Stimmung, das Wohlbefinden und das Denkvermögen haben.[11] Wissenschaftliche Untersuchungen untermauern diese Erfahrung vieler Menschen, indem sie auf die erhöhte Aktivität des Hormons *Dopamin* hinweisen, die bei körperlicher Bewegung auftritt. Dadurch wird auch verständlich, warum eine Reise mit dem Flugzeug zu einem Wallfahrtsort eine andere Wirkung hat, als wenn man zu Fuß dorthin pilgert.

Im Mittelalter waren Pilgerfahrten Ausdruck der Frömmigkeit und der Suche nach Seelenheil. Das aufgeklärte Denken seit der Reformation trug wesentlich dazu bei, dass sie an Popularität verloren haben. Inzwischen erfreuen sie sich allerdings wieder großer Beliebtheit. Die Pilger von heute, die sich beispielsweise auf den Jakobsweg nach Santiago de Compostela begeben, gehören oftmals keiner Kirche an. Es sind Menschen, die ihre Spiritualität unabhängig von Glaubenslehren und Institutionen erleben. «Nicht das Heiligtum selbst (die Reliquien des Apostels Jakobus), sondern der Brauch an sich (das Wandern) ist säkularisiert», stellt Ineke Aalbers fest.[12] Der Schwerpunkt hat sich von dem religiösen Ziel auf die meditative Tätigkeit, das Wandern selbst, verlagert.

Auch in der Psychiatrie ist die positive Wirkung von Bewegung anerkannt und wird u.a. in der Bewegungstherapie genutzt. Starke körperliche Anstrengung trägt beispielsweise dazu bei, depressive Erscheinungsbilder abzumildern.

Tipp

Wenn Sie unter Stimmungsschwankungen oder einem nachlassenden Gedächtnis leiden oder wenn Ihnen zu viel im Kopf herumgeht, kann Bewegung eine wirksame Gegenmaßnahme sein. Und wenn Sie das Bedürfnis haben, den Alltag mal hinter sich zu lassen, wenn Sie beabsichtigen, ein Sabbatjahr einzulegen, ist eine lange Wanderung über mehrere Wochen eine Überlegung wert.

Nietzsche, der leidenschaftliche Wanderer, warnte davor, einem Gedanken Glauben zu schenken, der «im Sitzen kommt» und «der nicht im Freien geboren ist und bei freier Bewegung». Auch Montaigne hatte den Zusammenhang von Denken und Bewegung an sich selbst erfahren: «Meine Gedanken schlafen ein, wenn ich sitze. Mein Geist geht nicht voran, wenn ihn nicht meine Beine in Bewegung setzen.» Und Hippokrates, der bedeutende Arzt der Antike, hielt Laufen für die beste Medizin.

Ronald Blom erzählte in einem Interview, dass er wegen Herzproblemen seinen Job als Topmanager des Energiekonzerns Eneco aufgab und frühzeitig in Rente ging. Er, der übergewichtig war, rauchte und zu viel Alkohol trank, begab sich auf eine Wallfahrt.
«In meinem Fall ein lange gehegter Wunsch: eine 850 Kilometer lange Wanderung von Südfrankreich bis zum Wallfahrtsort Santiago de Compostela in Nordspanien. Insgesamt wanderte ich 34 Tage lang, im Durchschnitt etwa sechs bis acht Stunden pro Tag. Alleine – so wollte ich es. Mein Telefon war aus, nur abends rief ich meine Frau kurz an, um ihr mitzuteilen, wo ich übernachten würde. Nach zehn Tagen konnte ich mich von meinen Gewohnheiten befreien. Morgens, nachdem ich aufgewacht war, beschäftigte ich mich nur mit ganz elementaren Dingen: «Wird es heute regnen? Wo werde ich heute Abend schlafen? Wo esse ich etwas?»
Man weiß nicht, wie weit man an einem Tag kommt, man kann also nichts planen oder buchen. Man muss alles loslassen. Dass mir das gelungen ist, sehe ich als großen Erfolg.»
Seit er im Ruhestand ist, widmet Ronald Blom einen Großteil seiner Zeit einer Stiftung, die Schulen in Tansania mit Computern ausstattet, die mit Solar- und Windenergie betrieben werden.[13]

Bewegung macht schlau

Körperliche und geistige Fitness gehen Hand in Hand

Bewegung unterstützt die kognitiven Funktionen. Dies ergab auch eine Untersuchung bei Über-Fünfzigjährigen, die über ein nachlassendes Gedächtnis klagten. Nachdem sie sich sechs Monate lang 150 Minuten pro Woche mäßig bewegt hatten, waren die Ergebnisse bei kognitiven Tests besser und die Anzahl von Demenzmerkmalen niedriger als bei Altersgenossen, die sich kaum bewegten.[14] Dieser Effekt war auch nach 18 Monaten noch nachweisbar. Die Devise heißt also, nicht nur Kreuzworträtsel lösen oder den Geist mit anderen Dingen beschäftigen, sondern auch: *sich bewegen!*

Bewegung verbessert die Qualität der Arbeit

Ein gesundes und ausgewogenes Bewegungsprofil kommt auch unserer Arbeit zugute. Eine gute Kondition trägt dazu bei, dass wir wacher und aktiver bei der Sache sind und unsere Aufgaben besser erledigen. Wenn ein Mitarbeiter ständig müde und bei der Arbeit wie abwesend ist, spielt Bewegungsmangel oft eine große Rolle.

> ***Karl*** begann mit Fitnesstraining, als er im Alter von 45 Jahren bemerkte, dass seine Kondition stark nachließ und sein Gewicht zunahm. Zu seinem Erstaunen machte es ihm sogar Spaß. Durch den Sport entwickelte er ein Durchhaltevermögen, das ihm auch bei den vielen Konflikten am Arbeitsplatz zugute kam. Er war nicht mehr so schnell zum Nachgeben bereit und konnte selbst bei Widerstand seine Interessen verteidigen.

Den Alltagstrott überwinden: Kreativität durch Bewegung

Es ist wichtig, sich auch während der Arbeit zu bewegen, selbst wenn man regelmäßig etwas für seine Fitness tut. Bewegungsmangel, etwa durch monotones Sitzen, schränkt den eigenen Blickwinkel ein und erschwert kreative und originelle Lösungen. Hin und wieder ein paar Schritte an der frischen Luft während der Pausen oder zwischen den Besprechungen können dazu führen, dass man vieles mit anderen Augen sieht; das kommt der Qualität unserer Arbeit zugute.

> ***Jeroen van der Veer***, Ex-Vorstandsvorsitzender von Shell, nannte Joggen das Hilfsmittel Nummer eins bei Jetlags und kurzen Nächten. Er zog es vor, eine Stunde früher aufzustehen und zu laufen statt länger zu schlafen. Die Vorteile des Joggens fasste er folgendermaßen zusammen: «Der erste Teil ist für meine Kondition, der zweite für die guten Ideen bei der Arbeit.»

Zusammenfassung

Bewegung bringt
- mehr Gesundheit, Beweglichkeit, Kreativität, gute Ideen und Freude;
- weniger Stress und ein geringeres Körpergewicht.

Voraussetzung ist, dass wir ein individuelles Bewegungsprofil erstellen.

Erstellen Sie Ihr persönliches Bewegungsprofil

Tragen Sie Ihre Aktivitäten an Werktagen sowie an Sonn- und Feiertagen ein, und beantworten Sie die folgenden Fragen:

Sportliche Aktivität (work-out):

Werktags:

Feiertags:

Rhythmische Bewegung (flow):

Werktags:

Feiertags:

Kleine Bewegungen (changing channels):

Werktags:

Feiertags:

Was kann ich bei der Arbeit tun, um mich mehr zu bewegen?

Was kann ich in meinem Privatleben tun, um mich mehr zu bewegen?

Was habe ich früher unternommen, das ich jetzt vermisse?

Was ist meine bevorzugte Aktivität?

Wann nehme ich mir dafür Zeit? – Und warum nicht öfter?

V. Schlaf als Energiequelle

Erzählen wir unseren Kindern nicht ständig, wie wichtig Schlaf ist? Auch wenn wir damit vor allem bezwecken, dass sie früher ins Bett gehen, stimmt es natürlich. Schlafen kommt der körperlichen Entwicklung und den Lernprozessen zugute. Dabei vergessen wir Erwachsene jedoch gerne, welche Bedeutung auch für uns selbst ein guter, erholsamer Schlaf hat. Er trägt wunderbare Früchte: Gesundheit, Wohlbefinden und Arbeitsleistung werden besser.

Schlafmangel – ein Leistungskiller …

Im Jahr 2006 titelte die *Harvard Business Review*, eine renommierte Zeitschrift für Manager: *Sleep deficit. The Performance Killer.*[15] Schlafmangel als Leistungskiller – die Botschaft ist eindeutig: Wer gute Arbeit leisten will, wer gesund und vital bleiben will, wer glücklich und zufrieden sein will, braucht ausreichend Schlaf.

Das gilt auch in umgekehrter Weise: Wer sich zu wenig Schlaf gönnt, wird auf die eine oder andere Art die Quittung dafür bekommen. Schlafmangel ist eine häufige Ursache von Verkehrsunfällen, und Fahren in übermüdetem Zustand spielt durchschnittlich bei einem von sechs tödlich verlaufenden Unfällen eine Rolle.[16]

… und häufige Unfallursache

Bei vielen Arbeits- und anderen Unfällen oder «Beinahe-Katastrophen» dürfte die Diagnose «Schlafmangel» in ähnlicher Weise zutreffen. Auch falsche Entscheidungen, unpassende Bemerkungen und Missverständnisse häufen sich, wenn man übermüdet ist.

Der Umkehrschluss – je mehr Schlaf, desto besser – gilt übrigens nicht. Auch ein Übermaß an Schlaf kommt der Gesundheit nicht zugute. Die Kunst besteht darin, nicht einfach so lange wie möglich zu schlafen, sondern die optimale Schlafdauer herauszufinden.

Schlaf ist also ein wichtiger «Erfolgsfaktor» in Bezug auf Gesundheit und Arbeit. Dennoch steht dieses Thema bei der Berufsausbildung oder bei Mitarbeitergesprächen nie auf der Agenda. Wir blenden seine Bedeutung aus, weil unser Bewusstsein kaum Zugang zu den Vorgängen während des Schlafs hat. Es verhält sich wie mit der dunklen Seite des Mondes. Man weiß zwar, dass es sie gibt, sieht sie aber nicht. Deshalb widmen wir uns in diesem Buch ausführlich dem Schlaf, unserem wichtigsten Lebenselixier.

Schlaf macht vital

Schlaf hat zwei Hauptfunktionen: Regeneration und Verarbeitung. Wir erholen uns von den Anstrengungen des Tages und verarbeiten die vielen Eindrücke, die täglich auf uns wirken. Beides ist unverzichtbar, damit wir tagsüber fit sind.

Regeneration und Verarbeitung während des Schlafs

Regeneration brauchen wir jede Nacht aufs Neue. Vor allem Sportlern ist die Bedeutung eines guten, erholsamen Schlafs bewusst. Als wir noch nichts von Doping wussten, konnte Joop Zoetemelk, Sieger der Tour de France von 1980, verkünden, «dass derjenige, der am besten schläft», die Tour gewinnt. Und auf die Frage, woher er die Energie für den soeben eingefahrenen Weltrekord genommen habe, antwortete Eisschnellläufer Sven Kramer ein bisschen verlegen, dass er «in der Nacht zuvor besonders gut geschlafen habe», und meinte, Training sei wichtig, doch Ausruhen auch.

Ohne Ruhe und Regeneration keine gute Leistung. Dennoch wird die Bedeutung des Schlafs im Alltag oft unterschätzt. Vor allem Nicht-Sportler betrachten Schlaf und Ruhe als einen überflüssigen Luxus und sind der Meinung, dass ihnen ein paar Stunden weniger auch reichen.

Wissenschaftliche Untersuchungen haben inzwischen viele regenerative Eigenschaften des Schlafs aufgedeckt: Unter anderem stimuliert er das Immunsystem, verbessert die Wundheilung, und die Produktion des Wachstumshormons ist während des Schlafens so hoch wie nie.[17]

Übung

- Wann schlafen Sie gut? In den Ferien, am Wochenende? Schlafen Sie besser, wenn Sie alleine schlafen oder bei Ihrem Partner?
- Wie schlafen Sie vor dem Start in die Arbeitswoche?
- Wenn Sie mit Ihrem Schlaf nicht zufrieden sind: In welcher Phase Ihres Lebens haben Sie gut geschlafen? Wann haben Ihre Schlafprobleme begonnen?
- Wenn Sie unregelmäßige Arbeitszeiten haben: Wie beeinflussen diese Ihre Gesundheit und die Qualität Ihrer Arbeit?
- Nennen Sie ein Beispiel für einen Fehler oder einen Beinahe-Fehler, der auf Ihre mangelnde Fitness zurückzuführen war. Und nennen Sie ein Beispiel dafür, wie Sie eine besonders gute Leistung erbracht haben, weil Sie extrem wach und fit waren.

Die *Verarbeitung* unserer Tageserlebnisse ist ein weiteres Ergebnis unseres nächtlichen Schlafs. Traumphasen (REM-Schlaf) sind unverzichtbar für den Regenerationsprozess. Wir werden zunehmend verwirrt, wenn unser Schlaf in diesen Stadien ständig gestört wird. Menschen, die in Schlaflabors immer während ihrer Traumphasen aufgeweckt wurden, entwickelten schon bald massive psychische Störungen. Wir verdanken dem nächtlichen Verarbeitungsmechanismus, dass wir regelmäßig mit neuen Gedanken aufwachen. Wir scheinen sogar im Schlaf zu lernen, wir ordnen unsere Erfahrungen des Tages und bringen sie in neue Zusammenhänge. Diese ordnende und strukturierende Aktivität macht uns gesünder und leistungsfähiger.

Genügend Schlaf ist Voraussetzung für Lernen und Entwicklung

Auch schon ein kurzes Nickerchen kann der Informationsverarbeitung und dem Lernen zugute kommen. Neueste Untersuchungen zeigen, dass ein kurzer Mittagsschlaf dabei helfen kann, eine Überdosis an Informationen zu verarbeiten. Weil jeder von uns täglich einem zunehmenden Bombardement von Informationen ausgesetzt ist, wird deren Verarbeitung immer wichtiger.

Auch die letzten Schlafphasen, die einem fehlen, wenn man früh aufstehen muss, sind für das Lernen von Bedeutung. Sie bewirken eine Verbesserung von mindestens 20 Prozent beim Aneignen motorischer Fertigkeiten. «Es scheint, als bräuchte das Gehirn den Schlaf, um sich Gewohnheiten, Handlungen und Fertigkeiten einzuprägen, die während des Tages erworben wurden», so das amerikanische Institute of Mental Health.[18]

Schlaf fördert also nicht nur zusammen mit Sport die körperliche Fitness, er ist auch Voraussetzung für Lernen und Entwicklung. Anders ausgedrückt: Wir brauchen den Schlaf nicht nur für physische, sondern auch für geistige Tätigkeiten. – Im Schlaf gesund und intelligent werden – was will man mehr?

Übung

- Schreiben Sie in Ihr Tagebuch oder Ihren Kalender, welche guten Ideen Ihnen gleich nach dem Aufwachen kommen.
- Können Sie sich vorstellen, woher diese Ideen kommen? Oft sind sie das Ergebnis verschiedener Erfahrungen, die tagsüber gemacht wurden.

Schlafarchitektur I: Tiefschlaf und Traumschlaf

Schlafphasen

Schlafphysiologen sprechen von einer «Schlafarchitektur». Unser Schlaf besteht aus einem Wechsel von tiefen, meist traumlosen Schlafphasen, die der Regeneration dienen, und dem sogenannten REM-Schlaf. Letzterer, in dem sich überwiegend die Träume abspielen und in dem wir Tageserlebnisse verarbeiten, ist durch Augenbewegungen *(REM = rapid eye movement)* und eine erhöhte Aktivität vegetativer Funktionen (Anstieg des Blutdrucks, der Atem- und Herzfrequenz) gekennzeichnet.

Gewöhnlich folgen während einer Nacht fünf solcher Schlafstadien aufeinander, die jeweils 90 bis 120 Minuten dauern und in denen Tiefschlaf und REM-Schlaf abwechseln. Etwa 20 Prozent unseres Schlafs bestehen aus Tiefschlafphasen, 25 Prozent aus Traumschlafphasen, den Rest verbringen wir im Leichtschlafstadium. Schlafphysiologische Untersuchungen zeigen, dass die Zeit, in der wir schlafen, nicht verloren ist. Schlafen ist eine Aktivität, Schlafen ist harte Arbeit.

Schlafrhythmus als nächtlicher «Atemvorgang»

Der regelmäßige Wechsel zwischen REM- und Non-REM-Phasen – also Phasen erhöhter Aktivität und Phasen der Regeneration – ist als *Basic Rest-Activity Cycle (BRAC)* bekannt. Nathaniel Kleitman, ein Pionier der Schlafforschung, beschrieb diesen Zyklus als Erster. Seine erstaunliche Entdeckung zeigt eine Art nächtlichen «Atemvorgang».

Kleitman nahm an, dass dieser Wechsel von Aktivität und Regeneration auch tagsüber besteht. Schließlich kennen wir auch im Tagesverlauf aktive Phasen und Erholungsphasen. Während dieser Rhythmus nachts quasi automatisch zustande kommt, müssen wir tagsüber den Wechsel von der Aktivität zur Regeneration selbst bewirken. Daher ist die Architektur von Aktivität und Regeneration am Tag meist weniger geordnet als nachts.

Wechsel von Ruhe und Aktivität

Wir können uns also folgendes Bild vor Augen halten: Schlafen bedeutet vor allem Ruhe und Erholung, doch auch *während* des Schlafs gibt es Phasen der Aktivität. Schlaf gleichzusetzen mit dem Fehlen von Bewusstsein ist zu einfach. Schlaf schließt auch eine starke Aktivität ein, nur ist diese Aktivität nicht nach außen, sondern nach innen gerichtet.

Messungen der Hirnstromaktivität zeigen, dass «im Unterschied zu der Ruhe des Körpers während des Schlafens das Gehirn nur bedingt im Ruhezustand ist [...]. Während wir schlafen, ist das Gehirn die meiste Zeit sehr aktiv, auch wenn dies eine andere Art von Aktivität ist als im Wachzustand. Es reagiert nur schwach auf Sinnesreize und ist gehemmt bei der Steuerung der Motorik. Diese bedingte Isolation gibt dem Gehirn die Gelegenheit, sich zu reorganisieren.»

Jede Nacht findet also eine Neuordnung bzw. Reorganisation des Gehirns statt. Schlaf ist Aktivität, jedoch von anderer Art als tagsüber: Schlafen ist aktive Erholung!

Schlafen ist aktive Erholung

Wenn Schlafen so wichtig ist, gilt dies auf jeden Fall auch für die Vorbereitung darauf.

Vorbereitung auf den Schlaf

Workshopteilnehmer geben immer interessante Antworten auf die Frage, was sie unternehmen würden, um einen guten Schlaf zu unterstützen, und was sie vor allen Dingen unterlassen sollten, um nicht wach zu liegen. Manche dieser *DOs* und *DON'Ts* sind sehr situationsbezogen, die meisten jedoch sind für alle nachvollziehbar:

DOs

1. Beschäftigen Sie sich eine Stunde, bevor Sie zu Bett gehen, mit etwas, das Sie wirklich genießen können.
2. Schrauben Sie Ihre Erwartungen an das Einschlafen herunter: Sie müssen nicht sofort einschlafen. Eine Einschlafzeit von einer halben Stunde ist normal, es kann also ruhig mal 20 bis 30 Minuten dauern, bis Sie einschlafen. Und schauen Sie bitte nicht ständig auf den Wecker.
3. Machen Sie einen kurzen Abendspaziergang und genießen Sie die frische Luft.
4. Beschließen Sie den Tag mit einer kurzen Rückschau auf das Erlebte.
5. Nehmen Sie sich Zeit zum Kuscheln, um sich gegenseitig zu massieren oder für Sex.
6. Tun Sie am Abend etwas völlig anderes als tagsüber.
7. Trinken Sie am Abend Kräutertee statt Kaffee oder schwarzen Tee.
8. Lesen Sie eine halbe Stunde lang vor dem Schlafengehen.
9. Dimmen Sie abends das Licht. Grelles Licht senkt den Melatoninspiegel, der den Tag-Nacht-Rhythmus steuert, und hält wach. Am Abend das Licht zu dämpfen oder eine Kerze anzuzünden trägt dazu bei, aus dem Wachzustand herauszufinden.

10. Rhythmus und Rituale unterstützen das Einschlafen zur gewohnten Zeit. Diese Konditionierung hilft dem Körper und dem Geist.
11. Sorgen Sie für eine Atmosphäre im Schlafzimmer, in der Sie sich wohlfühlen. Richten Sie es nach Ihrem Geschmack ein, räumen Sie herumliegende Sachen auf.
12. Achten Sie darauf, dass das Schlafzimmer gut gelüftet ist. Die Temperatur der Raumluft sollte nicht zu hoch sein, das Bett jedoch angenehm warm. Die gute alte Bettflasche ist dabei nicht zu verachten.
13. Machen Sie am Abend Entspannungsübungen wie zum Beispiel Yoga oder Atemübungen.
14. Stehen Sie täglich zu (fast) der gleichen Zeit auf. Dann werden Sie auch am Abend um die gleiche Zeit müde.

DON'Ts

1. Es ist ungünstig, viel und zu spät Kaffee zu trinken. Für den einen ist acht Uhr abends spät, für den anderen nicht, weil er weniger empfindlich auf Koffein reagiert. Koffeinfreier Kaffee ist einen Versuch wert. Übrigens kann auch Cola viel Koffein enthalten.
2. Auch Alkohol sollte gemieden werden. Er macht zwar träge, verhindert aber den Tiefschlaf. Auch wenn man mit seiner Hilfe gut einschlafen kann, ist die Qualität des Schlafs insgesamt schlechter.
3. Rauchen vor dem Schlafengehen hält wach.
4. Langes Arbeiten bis spät in die Nacht hält wach, weil wir die vielen Gedanken und Emotionen, die uns dabei begleiten, nicht einfach abschalten können. Wenn Sie schon abends arbeiten müssen, dann keinesfalls in demselben Raum, in dem Sie auch Ihre Freizeit verbringen. Und bringen Sie Ihre Arbeit zu einem deutlichen Abschluss.
5. Schreiben Sie spät abends keine E-Mails mehr. Sie stecken damit auch Ihre Kollegen oder Bekannten an und erzeugen eine gewisse Erwartungshaltung, wenn Sie zu erkennen geben, wie spät Sie noch aktiv sind.
6. Arbeiten am Computer trägt zu einem besonders hohen Wachheitsgrad bei. Auslöser sind die rasch wechselnden Eindrücke und das Licht des Monitors. Gerade die Hintergrundbeleuchtung moderner LED-Displays strahlt vermehrt Licht in einem Frequenzbereich ab, der den Melatoninspiegel niedrig hält und dadurch das Einschlafen erschwert.

Warum nicht einfach den Computer beispielsweise um 10 Uhr abends ausschalten?

7. Konfliktbeladene Gespräche am Abend führen selten zur Lösung eines Problems – eher dazu, dass es uns am Einschlafen hindert und noch in den Schlaf verfolgt. Signalisieren Sie, dass Sie Gesprächsbedarf sehen, und vereinbaren Sie einen baldigen Termin, um in Ruhe über alles zu reden.
8. Vor dem Fernseher einschlafen führt zu keinem erholsamen Schlaf. Das Flackern des Bildschirms und die Geräusche aus dem Lautsprecher stören und bewirken meist, dass man bald wieder aufwacht.
9. Eine späte, üppige Mahlzeit ist nicht ratsam, erst recht nicht, wenn dabei noch Kaffee oder Alkohol getrunken wird.
10. Konferenzen und Besprechungen am Abend führen dazu, dass man noch lange im Wachzustand bleibt.
11. Benutzen Sie das Schlafzimmer nur zum Schlafen, für Sex oder um vor dem Schlafengehen noch ein wenig zu lesen, nicht aber für andere Tätigkeiten.
12. Gehen Sie auch an freien Tagen möglichst nicht später ins Bett als an Werktagen.
13. Versuchen Sie nicht, Ihre Müdigkeit zu unterdrücken. Eine halbe Stunde später könnten Sie wieder hellwach sein, und Sie haben den günstigen Zeitpunkt zum Einschlafen verpasst. Dann müssen Sie auf den nächsten «Nachtzug» warten ...

Lassen Sie den Wecker abends klingeln!

Einschlafhilfen

Oft spielen wir uns selber einen Streich, weil wir uns erst unmittelbar bevor wir zu Bett gehen aufs Einschlafen vorbereiten. Wir glauben, der Schlaf werde sich schon von alleine einstellen, wenn wir den Computer und das Licht ausschalten. Doch mit dem Herunterfahren des PCs ist die Hektik des Alltags noch längst nicht von uns abgefallen. Sie braust noch kräftig in uns weiter, wirbelt unsere Gedanken auf und verhindert das Einschlafen. Oder aber der Schlaf ist oberflächlich und unruhig.

Außerdem neigt fast jeder dazu, zu spät ins Bett zu gehen. Dafür gibt es viele Gründe: Wir haben noch viel zu tun, wir wollen das Ende eines anstrengenden Arbeitstags so lange wie möglich auskosten oder lümmeln noch etwas vor dem Fernseher herum. Ein tiefer liegender Grund besteht wahrscheinlich darin, dass unsere innere Uhr nicht mit dem 24-Stunden-Tag übereinstimmt und unser biologischer Tagesrhythmus eher 25 Stunden umfasst. Chronobiologisch gesehen fehlt uns somit täglich eine Stunde.

Biologischer Tagesrhythmus

Auch das viele Licht, mit dem wir uns täglich umgeben, trägt stark zur Problematik bei: Licht senkt den Melatoninspiegel und hält wach.

Während eines meiner Workshops berichtete mir ein Teilnehmer von einer paradoxen Herangehensweise: Er lässt seinen Wecker am Abend klingeln. Dadurch geht er beizeiten ins Bett, um dann am nächsten Morgen ausgeruht und ohne Wecker aufzuwachen. Tatsächlich ist das Problem, nicht aufstehen zu wollen, oft die Folge eines anderen Problems: nicht ins Bett gehen zu wollen. Und dennoch: Wer ohne Wecker ausgeruht aufwacht, weil er beizeiten ins Bett gegangen ist, weiß, wie schön das ist. Man profitiert auch tagsüber davon.

Mehr Oxytocin und weniger Adrenalin vor dem Schlafengehen

Wir leben und arbeiten wie im Adrenalinrausch und schätzen Sensationen und Nervenkitzel. Eigentlich leben wir in einer Adrenalingesellschaft. Alles muss schnell, alles muss neu und aufregend sein. Wiederholung und Ruhe gelten als langweilig.

Der menschliche Hormonhaushalt besteht jedoch nicht nur aus Adrenalin. Oxytocin, auch als «Kuschelhormon» bekannt, gerät in letzter Zeit immer mehr ins Blickfeld. Hat Adrenalin mit Erregung und Spannung zu tun, so Oxytocin mit Zufriedenheit, Freude und Glück. Körperkontakt, Kuscheln, Massagen und Sex bewirken die Ausschüttung von Oxytocin, welches eine entspannende und gesund erhaltende Wirkung hat. Intimität, körperlich und mental, ist beruhigend und vermittelt ein Gefühl der Sicherheit. Man kann diesen Effekt nicht immer erzwingen, aber man kann sich einen entsprechenden Freiraum schaffen, wenn diese wichtigen Bedürfnisse in der Hektik des Alltags unterzugehen drohen.

Intimität beruhigt und vermittelt Sicherheit

Schlafarchitektur 2: Zuerst die Erholung, danach die Verarbeitung

Tiefschlaf- und Traumschlafphasen

Wer den zuvor beschriebenen Wechsel zwischen Erholung und Verarbeitung genauer untersucht, wird etwas Interessantes entdecken: Während der ersten Schlafzyklen herrscht der Tiefschlaf vor. In der zweite Nachthälfte nimmt die Dauer des REM-Schlafs zu. Die erste Hälfte der Nacht dient also vor allem der Regeneration, während die zweite Hälfte überwiegend im Zeichen der Verarbeitung des Tagesgeschehens steht.

Schon bald nach dem Einschlafen versinken wir in einen tiefen, traumlosen Schlaf. Dies ist auch der Grund, warum ein *Powernap* (Mittagsschlaf, siehe S. 83ff.) nicht zu lange dauern sollte: Mittags sollte man vermeiden, dass man zu tief «abtaucht», denn sonst dauert es zu lange, bis man wieder zu sich kommt. Der Tiefschlaf geht immer den Traumschlafphasen voran.

Störende Einflüsse

Die Bedeutung der ersten Nachthälfte für die Erholung lässt bereits vermuten, welche Folgen eine Störung etwa durch Alkohol oder lange und anstrengende Besprechungen und Konfliktgespräche haben kann. Diese behindert vor allem die Regeneration, während der die Leber den Alkohol abbauen muss oder der seelische Stress abendlicher Gespräche verarbeitet wird.

Abhängig vom Gewicht und der Konstitution benötigt der Körper eines Mannes etwa eine Stunde, um pro Kilogramm Körpergewicht 0,1 bis 0,15 Gramm Alkohol abzubauen. Bei zwei Gläsern Wein à 1/8 Liter vor dem Schlafengehen kann es daher zwei bis dreieinhalb Stunden dauern, bis sich der Blutalkoholspiegel wieder normalisiert hat. Dies kann unter Umständen fast der halben Nacht entsprechen und beeinträchtigt vor allem jene Tiefschlafphasen, die für die Regeneration besonders wichtig sind. Die Chancen auf einen erholsamen Schlaf und einen guten Start in den nächsten Tag werden durch Alkoholkonsum also deutlich reduziert (siehe S. 108ff.).

Morgen- und Abendmenschen

Wie tickt die innere Uhr?

Es gibt so etwas wie eine innere Uhr – ein einfaches Bild für ein komplexes Ganzes aus verschiedenen Biorhythmen, die zum großen Teil unseren Tagesrhythmus bestimmen: Wann haben wir besonders viel Energie, wann sind wir am wenigsten fit und energiegeladen?

Es ist ratsam, diese biologische Uhr wahrzunehmen und zu respektieren.

Ein ausgesprochener Abendmensch, der früh aufstehen muss, wird die negativen Folgen davon zu spüren bekommen. Auch Schulkinder können darunter leiden. Umgekehrt haben ausgesprochene Morgenmenschen Schwierigkeiten mit Aktivitäten, die zur späten Stunde ihre volle Aufmerksamkeit erfordern.

Es ist also von Vorteil, wenn wir wissen, wie unsere innere Uhr tickt, und wenn wir unser Leben entsprechend einrichten können. Natürlich gehören viele Menschen zu den sogenannten Übergangstypen. Nicht jeder ist ein ausgesprochener Morgen- oder Abendmensch.

Den eigenen Schlafrhythmus finden

Im Internet haben wir die Möglichkeit, mit dem Fragebogen des Munich Chronotype Questionnaire (MCTQ) auf der Website des Instituts für Medizinische Psychologie der Ludwig-Maximilians-Universität München (www.imp.med.uni-muenchen.de) unseren persönlichen *Chronotyp* zu ermitteln. Dies gibt uns Einblick in unseren Schlafrhythmus. Wenn wir wissen, wo unsere Stärken liegen, können wir Schwankungen in unserer Leistungskurve besser ausgleichen.

Kurzschläfer und Langschläfer

Man kann nicht einfach nur sagen: Je mehr Schlaf desto besser. Viele haben schon die Erfahrung gemacht, dass zu viel Schlaf nicht gut tut: In den Ferien oder am Wochenende kann man so richtig träge werden durch zu spätes Aufstehen. Dann bringt gerade Aktivität (und nicht noch mehr Ruhe!) einen wieder auf Trab. Einmal früh aufstehen und einen herrlichen Morgenspaziergang machen wirkt in diesem Fall Wunder.

Auf die richtige Schlafdosis kommt es an

Jeder Mensch ist unterschiedlich veranlagt. Albert Einstein beispielsweise schlief sehr viel, auch tagsüber. Nach eigenen Aussagen verhalf ihm das zu guten Ideen. Napoleon Bonaparte hingegen schlief kaum. Edison war ein erklärter Gegner des Schlafs. Er betrachtete Schlafen als einen Rückschritt in die Steinzeit und hoffte, dass es mit der Erfindung der Elektrizität in kürzester Zeit entbehrlich sein würde. Das hat sich nur zum Teil bewahrheitet: Die Erfindung des elektrischen Lichts hat zwar insgesamt zu einer Reduzierung der Schlafmenge beigetragen, doch sie hat den Schlaf nicht überflüssig werden lassen.

Skizzieren Sie Ihre tägliche Energiekurve

- Wann ist Ihre Energie am größten? Wann ist sie auf dem Tiefpunkt? – Die meisten Menschen haben im Tagesverlauf mehrere Höhen und Tiefen.
- Welche Erkenntnisse und Konsequenzen ziehen Sie daraus für Ihren Tagesrhythmus?

Ihre Energiekurve

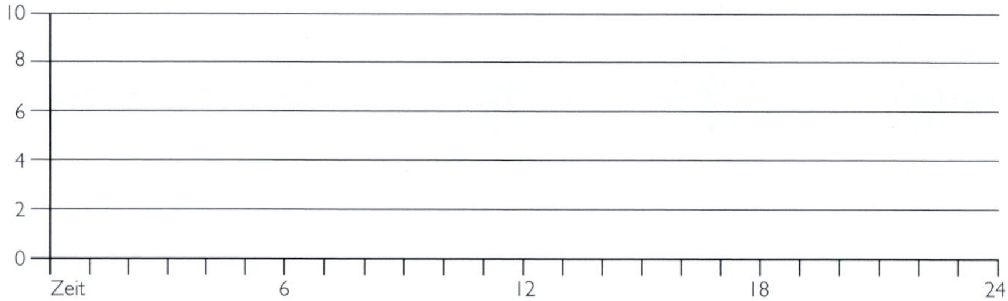

Energiekurve eines Abendmenschen

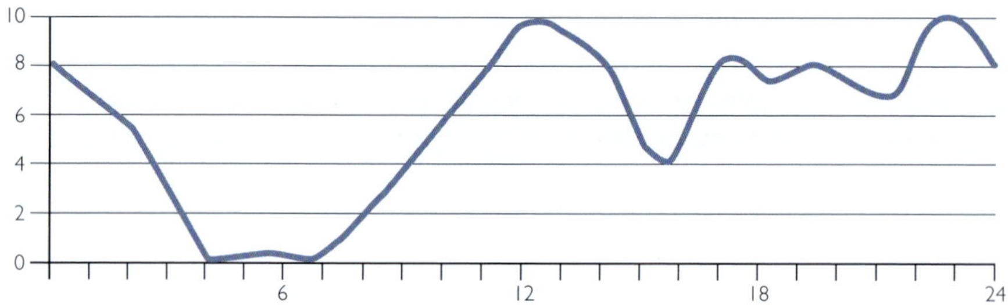

Energiekurve eines Morgenmenschen

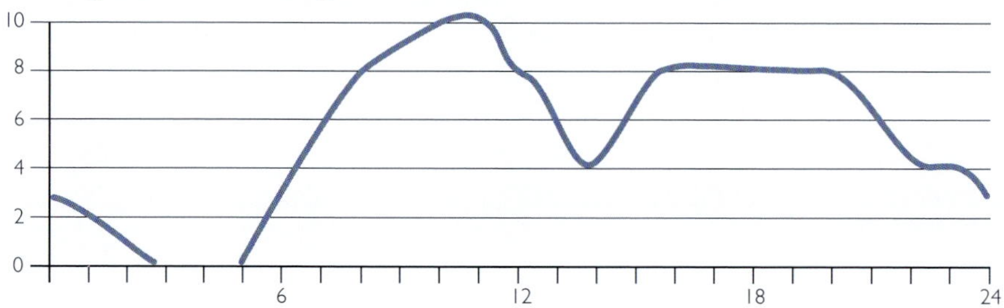

Schlafprobleme

Schlaf ist eine Wohltat für Körper, Seele und Geist, wie wir gesehen haben. Allerdings kommen wir nicht immer in diesen Genuss. Schlafprobleme sind heute sehr verbreitet. Woher kommen sie eigentlich? Es gibt viele Ursachen. Hier ein paar der wichtigsten:

Ursachen von Schlafstörungen

Sorgen und Probleme rauben uns den Schlaf: finanzielle Sorgen, Probleme am Arbeitsplatz, Beziehungsprobleme, Stress.

Unausgewogene Lebensführung kann auch zu einem Schlafdefizit führen: zu viel Kaffee oder Alkohol, zu spät ins Bett gehen, zu lange arbeiten ... Die Liste der Don'ts (siehe S. 71f.) zeigt eine Reihe von Beispielen.

Unregelmäßige Arbeitszeiten erschweren einen regelmäßigen, guten Schlaf, vor allem im Alter. Oft hört man, dass im Schichtdienst arbeitende Menschen die unregelmäßigen Arbeitszeiten in jungen Jahren recht gut wegstecken, sogar deren Vorteile genießen. Doch je älter man wird, desto schwieriger wird es, dabei fit zu bleiben.

Schlafmittel bringen einen – abgesehen von der kurzfristigen Erleichterung bei außergewöhnlichen und akuten Problemen – vom Regen in die Traufe. Der Gewöhnungseffekt macht sich bemerkbar, und man muss – wie bei Drogen – die Dosis erhöhen, damit die Wirkung erhalten bleibt. Neben dem Schlafproblem kommt es auch noch zu einer Medikamentenabhängigkeit, durch die man sich noch weiter von einer Lösung des Einschlafproblems entfernt. Als Nebenwirkung macht sich am Morgen ein *Hangover* bemerkbar, und man geht nicht fit in den Tag. – Also Hände weg von Schlafmitteln!

Gelegentliche Einschlafstörungen sind kein Grund zur Besorgnis

Es schadet allerdings nicht und sollte uns auch nicht beunruhigen, wenn wir hin und wieder wach liegen. Es ist normal, wenn wir eine halbe Stunde bis zum Einschlafen brauchen. Diese Zeit kommt uns gewöhnlich viel länger vor, als sie tatsächlich ist. Auch eine unruhige Nacht kann hin und wieder vorkommen. Schlafstörungen werden erst dann zum Problem, wenn man tagsüber müde und weniger leistungsfähig ist. – Schlafstörungen sind also so ernst wie die Probleme, die sie am Tag verursachen.

Übung

- Worauf führen Sie Ihre Schlafstörungen zurück? Wie oft kommt es dazu? Können Sie verhindern, dass sie auftreten?
- Wie lange dauert es, bis Sie einschlafen? Finden Sie es akzeptabel, oder dauert es Ihnen zu lange?
- Haben Sie den Eindruck, dass Sie tagsüber weniger leistungsfähig sind wegen schlechten oder mangelnden Schlafs?

Unregelmäßige Arbeitszeiten machen krank

Viele Schlafprobleme stehen in Zusammenhang mit der Arbeitssituation und haben wiederum negative Auswirkungen auf die Qualität der Arbeit. Grund genug also, hier ausführlich darauf einzugehen.

Belastung durch Schichtarbeit

Die gängige Erwartung, dass viele Berufe einer 24-Stunden-Produktion dienen sollen, widerstrebt unserem natürlichen Tag-und-Nacht-Rhythmus. Dennoch gibt es eine ganze Menge Jobs, in denen rund um die Uhr gearbeitet werden muss. Im Gesundheitswesen zum Beispiel, aber auch beim internationalen Transport und Verkehr, im Versandwesen oder auch beim Straßenbau, um nur einige Sparten zu nennen.

Menschen, die regelmäßig Nachtschichten leisten, können am *Schichtarbeiter-Syndrom (shift work sleep disorder)* erkranken, einer chronischen Form der Schlaf-Wach-Rhythmusstörung, die zahlreiche Beschwerden zur Folge hat. So leiden dauerhaft im Nachtdienst arbeitende Menschen zum Beispiel häufiger unter Depressionen, Schlafstörungen, Potenzstörungen, Magen-Darm- und Herzerkrankungen. Vermutlich führt der unnatürliche Tag-Nacht-Rhythmus auch zu einer kürzeren Lebenserwartung.

Regelmäßig ein kurzes Nickerchen erhöht die Leistungsfähigkeit

Es wurde schon viel unternommen, um den Betroffenen zu helfen, bisher mit wenig Erfolg. Das Beste, was man tun kann, ist tagsüber oder auch nachts während der Arbeitszeit regelmäßig ein kurzes Nickerchen zu halten. So hat eine Stunde Schlaf bis zu zehn Stunden später noch eine messbar bessere Leistungsfähigkeit zur Folge.[19]

Ein zusätzliches Problem für im Schichtdienst arbeitende Menschen sind die sozialen Folgen: Familie und Freunde haben in der Regel einen anderen Lebensrhythmus, was zahlreiche Schwierigkeiten im Zusammenleben mit sich bringt. Auch Partner und Kinder von Schichtarbeitern leiden unter dem gestörten Rhythmus. Das Arbeiten zu unterschiedlichen Zeiten ist eine Belastung, die weder in ihren gesundheitlichen noch in ihren sozialen Folgen unterschätzt werden darf.

Sozialer Jetlag

Der Ausdruck «sozialer Jetlag» beschreibt die Diskrepanz zwischen der «inneren Uhr» vieler Menschen und den Anforderungen im sozialen Bereich, zum Beispiel durch Arbeit oder Schule. Viele Erwachsene und Kinder würden von der Möglichkeit profitieren, den Tag später zu beginnen. Bei ihnen summiert sich oft im Laufe der Woche ein Schlafmangel, der dann am Wochenende ausgeglichen werden muss.

Vor allem sogenannte Abendmenschen haben unter der (Arbeits-)Woche ein anderes Schlafmuster als am Wochenende. Nachweislich leiden vor allem sie darunter, dass unser «eingebauter» Biorhythmus eigentlich 25 Stunden umfasst, während die Tagesdauer, die den gesellschaftlichen Rhythmus bestimmt, 24 Stunden beträgt. Deshalb ist jener Tag im Jahr, an dem die Uhren zum Ende der «Sommerzeit» für eine Stunde angehalten werden, so angenehm. Aus demselben Grund fällt es auch den meisten Menschen leichter, einen Jetlag zu verarbeiten, wenn sie von Ost nach West reisen, also am Zielort der Tag länger dauert.

Aufgezwungene Rhythmen stören das natürliche Schlafmuster

Der Schwerpunkt vieler geselliger Aktivitäten liegt auf dem Abend; man denke nur an die Zeit mit der Familie, an Besuche und andere Formen der Geselligkeit oder auch an die Zeit vor dem Fernseher. Der Tag beginnt jedoch schon relativ früh, oft auch bedingt durch lange Wege zur Arbeit. Vom Anfang und vom Ende der Nacht werden jeweils ein paar Stunden abgezwackt. Der dadurch zunehmende Schlafmangel beeinträchtigt das Lern- und Konzentrationsvermögen, der Konsum von Kaffee, Alkohol und Nikotin nimmt zu.

Versuchen Sie sich darüber klar zu werden, inwieweit Sie ein Morgen- oder ein Abendmensch sind (siehe S. 76). Obwohl man sich nur begrenzt über bestehende gesellschaftliche Zwänge hinwegsetzen kann, ist die richtige Selbsteinschätzung immer von Vorteil, wenn man sich einem aufgezwungenen Rhythmus anpassen muss.

An den meisten Arbeitsplätzen herrscht «starke Bewölkung»

Licht ist viel wichtiger für einen gesunden Tag-Nacht-Rhythmus und einen guten Schlaf, als wir annehmen. An vielen Arbeitsplätzen ist die Lichtmenge zu gering – mit negativen Auswirkungen auf den Wachheitsgrad und die Leistungsfähigkeit. Sogar an einem bewölkten Wintertag ist es draußen heller als in einem durchschnittlichen Büro. Kurzum: Es ist immer «dicht bewölkt» am Arbeitsplatz, und davon wird man nicht munter. Vielleicht lässt sich dadurch auch die verbreitete Abneigung gegen Büros erklären.

Lichtverhältnisse dem natürlichen Tag-Nacht-Rhythmus anpassen

Inzwischen wird sogar mit Anlagen zur Farbtemperatursteuerung experimentiert, die dafür sorgen, dass sich die Farbe und die Intensität des Lichts mit dem Tagesverlauf verändern. Licht mit hohem Blauanteil soll dazu beitragen, dass man morgens fit wird, wärmeres Licht dagegen soll entspannen helfen, wenn es auf die Mittagspause oder den Feierabend zugeht. Der natürliche Tag-Nacht-Rhythmus, der mit dieser variablen Beleuchtung nachgeahmt wird, unterstützt unseren natürlichen Biorhythmus und damit auch die Qualität unseres Schlafs.

Etwa acht Prozent der Menschen leiden an einem sogenannten *Winterblues*. Für sie ist gutes Licht am Arbeitsplatz besonders wichtig. Der Winterblues ist eine saisonal bedingte Melancholie oder gar Depression, die auf zu wenig Sonnenlicht zurückzuführen ist. In solcher Gemütsverfassung sollte man sich nicht auch noch an einen düsteren Arbeitsplatz setzen!

Übung

- Welche Lichtverhältnisse herrschen an Ihrem Arbeitsplatz? Wie können Sie diese verbessern?
- Gehen Sie regelmäßig in der Mittagspause nach draußen, um für eine halbe Stunde die frische Luft und das «frische» Licht zu genießen!

Wer am Morgen unter Startschwierigkeiten leidet, kann das Aufwachen mit einem *dawn simulator,* einem sogenannten Lichtwecker, sanfter gestalten. Er simuliert den Sonnenaufgang und steigert die Helligkeit kontinuierlich, sodass der natürliche Aufwachprozess unterstützt und der alltägliche Schock des Weckerläutens reduziert wird.

Tipps

- Dimmen Sie abends das Licht, wenn Ihnen das Einschlafen schwerfällt. Der Übergang von einem hellen Arbeits- oder Wohnzimmer ins dunkle Schlafzimmer ist dann nicht so extrem.
- Dunkeln Sie das Schlafzimmer ab. Dies kann auch für Kinder hilfreich sein, die sehr früh aufwachen.
- Sprechen Sie mit Ihrem Arzt über die Möglichkeit, mit der vorübergehenden Einnahme eines Melatoninpräparats (in Deutschland verschreibungspflichtig) Ihre Schlafprobleme zu lindern.

Melatonin kann helfen

Hormonelle Steuerung des Tag-Nacht-Rhythmus

Melatonin ist ein Hormon, das den Tag-Nacht-Rhythmus des menschlichen Körpers steuert – also ein wichtiges Zahnrädchen in unserer biologischen Uhr. Bei Licht wird die Produktion von Melatonin in der Zirbeldrüse unterdrückt, während seine Ausschüttung mit zunehmender Dunkelheit gesteigert wird. Die Wirkung ist enorm. In Deutschland, wo überall die gleiche Uhrzeit gilt, werden die Menschen im Osten durchschnittlich früher wach als im Westen. Abends hält künstliches Licht länger wach, was Einschlafprobleme zur Folge hat.

Gerade ältere Menschen verdanken Melatoninpräparaten einen besseren Schlaf, da der Körper mit zunehmendem Alter geringere Mengen des Hormons produziert. Melatonin löst etwa eine halbe Stunde nach seiner Einnahme eine leichte Schläfrigkeit aus und bewirkt danach einen tieferen und ruhigeren Schlaf.

Bei einem *Jetlag* kann es dabei helfen, sich leichter an den neuen Tagesrhythmus zu gewöhnen. Eine halbe Stunde vor der erwünschten Einschlafzeit eingenommen, trägt es dazu bei, dass sich die «biologische Uhr» schnell an die jeweilige Zeitzone anpasst.

Schlechter Schlaf und Übergewicht bedingen sich gegenseitig

Stoffwechselstörungen durch Schlafmangel?

Sowohl bei Erwachsenen als auch bei Kindern besteht ein Zusammenhang zwischen einem hohen Body-Mass-Index (Maßzahl für die Bewertung des Körpergewichts eines Menschen in Relation zu seiner Körpergröße) und wenig Schlaf. Bei Kindern wurde sogar ein spezifischer Zusammenhang mit der Dauer des REM-Schlafs (Traumphase) festgestellt.

In einer Untersuchung[20] wurde deutlich, dass Kinder mit zu hohem Körpergewicht weniger schlafen, kürzere Traumphasen haben und dass es länger dauert, bis der REM-Schlaf einsetzt. Möglicherweise bewirkt Schlafmangel eine Störung des Stoffwechsels, bei der Hungergefühle auftreten und die in der Folge zu Übergewicht führt. Mehr Bewegung ist der beste Weg, aus diesem Teufelskreis von Schlafstörungen und Übergewicht auszubrechen.

Schlafstörungen beeinträchtigen die Arbeit

Schlaf und Arbeit sind zwei Themengebiete, die selten miteinander in Zusammenhang gebracht werden – außer vielleicht in Beamtenwitzen. In Mitarbeitergesprächen taucht die Frage, ob man gut geschlafen hat, gar nicht erst auf. Das wird als Privatsache betrachtet.

Dennoch wäre diese Frage naheliegend. Laut einer Studie der Universität Gent, bei der 474 LKW-Fahrer befragt wurden, döst jeder dritte Lastwagenfahrer hin und wieder am Steuer ein. Von einem Beinaheunglück wussten 15 Prozent der Fahrer zu berichten.

Übermüdung ist ein Sicherheitsrisiko am Arbeitsplatz!

Man muss kein Lastwagenfahrer sein, um die negativen Folgen von Übermüdung am Arbeitsplatz zu spüren. In unserer modernen Arbeitswelt erfordern immer mehr Tätigkeiten volle Aufmerksamkeit. Konzentrationsmangel und Übermüdung wirken sich nicht nur auf die Qualität und Effektivität unserer Tätigkeit aus, sie werden in immer mehr Berufen auch zum Sicherheitsrisiko. – Es bleibt tagsüber nicht ohne Folgen, dass uns täglich vor allem dank abendlicher Beleuchtung und Computerbildschirmen im Durchschnitt eine bis anderthalb Stunden Schlaf fehlen.

Test

- Neigen Sie dazu, während der Arbeit einzuschlafen?
- Wie oft kommt es vor?
- In welcher Situation: vor dem Computerbildschirm, bei Konferenzen ...?
- Was tun Sie dagegen?
- Haben Sie schon versucht, die Qualität Ihres nächtlichen Schlafs zu verbessern oder länger zu schlafen?

Powernap – ein Wundermittel?

Seit einiger Zeit macht das Wort *Powernap* die Runde. Damit ist nichts anderes als der altbekannte Mittagsschlaf gemeint, der unter dieser modernen Bezeichnung oder seiner deutschen Entsprechung «Kraftnickerchen» bzw. «Energieschlaf» endlich seinen negativen Beigeschmack verloren hat.

Ein «Nickerchen» als Energiequelle im Mittagstief

Ein Powernap fügt sich wunderbar in den natürlichen Schlafrhythmus des Menschen ein. Zu diesem Rhythmus gehört das «Mittagstief», das auch ohne eine vorausgehende üppige Mahlzeit auftreten kann. Es ist individuell sehr unterschiedlich ausgeprägt, sein Auftreten abhängig vom Zeitpunkt des Schlafengehens und Aufstehens. Es macht sich ungefähr zwölf Stunden nach der tiefsten Tiefschlafphase in der Nacht bemerkbar, ob man will oder nicht. Man sollte sich also ruhig eine Arbeitspause gönnen und nicht gegen die Müdigkeit ankämpfen, denn unsere innere Uhr schaltet auch gegen unseren Willen auf «Ruhezustand», wobei Konzentration und Reaktionsvermögen abnehmen.

Ein Powernap kommt der Arbeit zugute ...

Deutliche Leistungssteigerung nach 20 Minuten Schlaf

Nach Auffassung der World Nap Organization erhöht ein Powernap von etwa 20 Minuten die Arbeitsleistung um mindestens 20 Prozent. Auch eine Studie an der Harvard University bestätigt, dass er eine verbesserte Produktivität bewirkt. Dabei wurden drei Testgruppen untersucht. Eine Gruppe durfte eine Stunde lang schlafen, die zweite Gruppe eine halbe Stunde und die dritte überhaupt nicht. Die Gruppe ohne Mittagsschlaf erbrachte am Ende des Tages deutlich schlechtere Leistungen als die beiden Gruppen, die schlafen durften.

Es gab kaum Unterschiede zwischen der Gruppe mit einer Stunde und jener mit einer halben Stunde Schlaf.

Weil ein Powernap das natürliche Schlafbedürfnis sofort befriedigt, haben zwanzig oder dreißig Minuten Mittagsschlaf eine viel bessere Wirkung, als wenn man morgens länger schläft: Es ist also besser, früher aufzustehen und mittags ein kurzes Nickerchen zu halten, als auszuschlafen und tagsüber nicht zu ruhen.

… und kann Herz- und Gefäßkrankheiten vorbeugen

Eine Studie[21] mit mehr als 20 000 Teilnehmern unterstützt die Hypothese, dass ein Mittagsschlaf vor Erkrankungen der Herzkranzgefäße schützt. Diejenigen, die regelmäßig ein Nickerchen hielten, waren deutlich seltener von koronaren Herzkrankheiten betroffen. Auch wenn diese Untersuchung keinen ursächlichen Zusammenhang beweist, lässt sie doch einen gesundheitlichen Nutzen erahnen.

Der Weg zum Powernap

Um sich zu entspannen, reicht ein kurzes Nickerchen von zwei bis fünf Minuten. Erholung bringt ein Mittagsschlaf von zehn bis zwanzig Minuten. Er ist sogar auf dem Bürostuhl oder im parkenden Auto möglich.

Spürbare Entspannung schon nach fünf Minuten

Setzen Sie sich bequem und stützen Sie möglichst Ihren Kopf ab. Dann schließen Sie die Augen, und atmen Sie fünf- bis zehnmal langsam ein und aus. Entspannen Sie Ihre Muskeln am ganzen Körper, gähnen Sie ungeniert und stellen Sie sich bildlich etwas vor, womit Sie Ruhe assoziieren. Das funktioniert oft schon nach wenigen Wiederholungen. Und auch wenn Sie nicht einschlafen können, tut Ihnen die tiefe Entspannung gut, bei der regelrecht zu spüren ist, wie das Blut den ganzen Körper durchströmt.

Eine «Siesta» zur Mittagszeit ist in vielen Ländern ganz normal. Doch ausgerechnet dort, wo Leistung und Arbeit (und Stress) als gesellschaftliche Tugenden hochgehalten werden, versucht man krampfhaft, ohne Pausen und Schlaf auszukommen. Diese werden noch immer mit Faulheit und Unproduktivität gleichgesetzt, ohne das Leistungspotenzial eines Powernaps zu erkennen.

Verschiedene Unternehmen haben den Mittagsschlaf bereits institutionalisiert. Die GLS-Bank in Bochum zum Beispiel hält einen Raum bereit, in dem die Mitarbeiter auf Liegestühlen mittags abschalten und sich ausruhen können. Die Unilever AG hat in ihrer Hamburger Konzernzentrale sogar «Entspannungsoasen» eingerichtet mit Massagesesseln und einer audio-visuellen Meditationshilfe *(Brainlight)*. Hier «können die Mitarbeiter ihre Pause verschlafen, dadurch die Stressbelastung senken und die Produktivität steigern», wie Betriebsarzt Olaf Tscharnetzk erklärt.[22]

Bewusstseinswandel bei Unternehmen

Gesichtspunkte für die Situation am Arbeitsplatz

- Wie ist die Beleuchtung in den Arbeitsräumen?
- Gibt es die Möglichkeit zu einem Powernap während der Mittagspause?
- Sind Spaziergänge während der Mittagspause möglich? Gibt es andere Bewegungsmöglichkeiten oder Fitnessangebote?
- Ist es in Ihrem Unternehmen üblich, bis spät abends zu arbeiten?
- Gibt es flexible Arbeitszeiten, die es Ihnen ermöglichen, Ihre Anwesenheit dem eigenen Biorhythmus anzupassen?

Der Koffein-Nap

Der Koffein-Nap ist ebenfalls ein probates Mittel: Eine Tasse Kaffee oder Espresso vor dem Nickerchen ist die Garantie dafür, dass man danach schnell wieder munter wird. Das Koffein beginnt nach etwa einer Viertelstunde zu wirken, also dann, wenn man ohnehin bald wieder aufwachen sollte. Wissenschaftler an der Loughborough University[23] fanden heraus, dass eine Tasse Kaffee und im Anschluss ein viertelstündiges Nickerchen die beste Methode war, der Ermüdung vorzubeugen, und die längste Konzentrationsphase nach sich zog.

Munter mit Kaffee

Bessere Nachtruhe durch Tagesrückschau

Auf die Bedeutung der Regeneration und Verarbeitung während der Nacht wurde bereits hingewiesen, ebenso auf die Neuordnung des Gehirns und die Lernprozesse, die damit einhergehen. Die Verarbeitung braucht Ruhe (und Reflexion). Oft rattert alles, was wir tagsüber begonnen haben, in unserem Kopf weiter. Schlafphysiologische Untersuchungen haben gezeigt, dass unser

«Kopf» während der ersten Schlafhälfte noch weiter «arbeitet». Bei vielen Menschen kehrt wirkliche Ruhe erst in der zweiten Nachthälfte ein. Das ist schade, weil gerade die erste Nachthälfte der Erholung dient.

Eine kurze Tagesrückschau hilft dabei, die Tagesereignisse zu ordnen, bevor man einschläft. Indem wir über folgende Fragen kurz nachdenken und sie schriftlich beantworten, wird es leichter, den Tag zum Abschluss zu bringen und davon unbeschwert in die nächtliche Ruhephase einzutreten:

Tagesrückschau

- Was war heute für mich am wichtigsten?
- Wie hat es mich beeinflusst? Was habe ich daraus gemacht?
- Was hat meine Vitalität positiv beeinflusst?
- Was hat meine Vitalität negativ beeinflusst?
- Was möchte ich morgen erledigen (Aufgabenliste):

  ....

- Welche Botschaft hat dieser Tag für mich?

  ....

- Morgen werde ich Folgendes tun, um meine Vitalität zu steigern:

  ....

Innere Ruhe durch Rekapitulieren der Tagesereignisse

In erster Linie hilft die Tagesrückschau dabei, sich bewusst zu machen, was am zurückliegenden Tag *am wichtigsten* war. Oft war es etwas anderes, als man morgens noch angenommen hatte, oft war es auch nicht das, was einem spontan einfällt. Es kann eine unerwartete Begegnung gewesen sein, ein Gespräch oder eine neue (positive oder negative) Erfahrung. Manchmal wird einem erst beim Rekapitulieren der Ereignisse bewusst, dass eine Begebenheit, der man tagsüber keine Bedeutung beimaß, einen stärker als erwartet berührt hat. Indem man sie sich abends ins Bewusstsein ruft, ist es leichter, zu einem anderen Zeitpunkt an diese Erfahrung anzuknüpfen.

Ganz wichtig ist es, sich regelmäßig zu fragen, was *gut für die eigene Vitalität ist und was nicht*. Interessanterweise ist uns das nicht immer deutlich. Oft sind es Kleinigkeiten, die uns aufrichten oder auch belasten. Termindruck, Eile oder etwas vor sich herschieben, was man ungern erledigt, kosten sehr viel Energie und bringen unter diesen Umständen selten mehr Erfolg. Eine gute und rechtzeitige Vorbereitung verleiht dagegen innere Ruhe und trägt dazu bei, dass man sich auf etwas freuen kann.

Oft höre ich Aussagen wie: «Wenn ich nachts auf die Toilette gehe, fallen mir die Dinge ein, die ich am nächsten Tag erledigen muss.» Eine *Aufgabenliste,* in der man alles notiert, was man tagsüber vergessen hat, verhindert, dass man Unerledigtes mit in die Nacht hineinnimmt. Manchmal zeigt bereits die Länge dieser To-do-Liste, dass es sich nicht lohnt, alles ständig im Kopf herumzutragen.

Aufgabenliste vor dem Schlafengehen

Die Frage nach der *Botschaft,* die der zurückliegende Tag für uns hat, soll darauf aufmerksam machen, was man auch an scheinbar ganz gewöhnlichen Tagen lernen und erleben kann. Oft gehen die Geschehnisse an uns vorüber, ohne dass wir die Geschichte, die sich dahinter verbirgt, wahrgenommen haben.

Was ist die Botschaft des Tages?

Den Abschluss bildet der Vorsatz, die *Vitalität zu verbessern.* Auch kleine Schritte in die richtige Richtung können viel Freude bereiten. Es macht nichts, wenn der Vorsatz immer wieder der gleiche ist. Auch wenn es nicht immer gelingt, in die Tat umzusetzen, was man sich vorgenommen hat, muss das noch lange kein Grund sein, die Flinte ins Korn zu werfen.

Vorsatz, die Vitalität zu verbessern

Regelmäßig auf den Tag zurückzublicken ist eine sinnvolle und angenehme Art, ihn zum Abschluss zu bringen, bevor man schlafen geht. Nebenbei lernt man sich selbst besser kennen und wird immer kompetenter auf dem Gebiet der eigenen Vitalität.

Im Grunde genommen schafft die Tagesrückschau eine «entmilitarisierte» Zone zwischen Tag und Nacht. Die brauchen wir, weil es tagsüber oft so viele Konflikte gibt, die uns vielleicht unbedeutend vorkommen, aber einen großen Einfluss auf unsere Stimmung haben können. Sie werden unbewusst zu einem nächtlichen Störfaktor und können ein Grund für unruhigen oder schlechten Schlaf sein, wenn wir sie nicht ins Bewusstsein heben.

Konflikte werden zum nächtlichen Störfaktor

Claudia fiel während der Tagesrückschau auf, dass sie sich für die PR-Abteilung ihres Betriebs so sehr verantwortlich fühlt, dass sie jeden Tag als Erste erscheint und als Letzte nach Hause geht. Sie befürchtet, dass die anderen die Fenster und Türen nicht richtig schließen. Als sie einmal verhindert war, ging (natürlich) alles gut. Die Botschaft dieses Tages: «Es geht auch mal ohne mich!», war eine große Erleichterung für sie. Ohne Zweifel hat auch Claudias Team von ihrer Einsicht profitiert.
Ihren Perfektionismus ist sie dadurch nicht losgeworden, aber von da an wurde sie sehr viel gelassener und weniger anspruchsvoll im Umgang mit sich selbst und anderen.

Intermezzo:

Kurzzeitvorteil contra Langzeitbedürfnis – Warum es uns so schwerfällt, das Richtige zu tun

Warum verhalte ich mich nicht immer so, wie ich es eigentlich möchte? Warum mache ich nicht «einfach» das, was ich mir vorgenommen habe und wovon ich weiß, dass es mir gut tut? Zum Beispiel Sport treiben, weniger Alkohol trinken, früher ins Bett gehen, mir mehr Zeit nehmen für schöne Dinge, mich weniger in Konflikte einmischen ... Diese Fragen, die jeder von uns kennt, sind ein Teil des Rätsels, warum es manchmal so schwierig ist, eine gesunde und vitale Lebensweise zu verwirklichen.

Gute Vorsätze – rasch gefasst und schnell vergessen

Zu bestimmten Zeiten – beispielsweise an Silvester, nach den Sommerferien, beim Antritt einer neuen Stelle – hat man viele gute Vorsätze und kauft sich vielleicht sogar ein teures Jahresabo für das Fitnessstudio. (Ich wage zu behaupten, dass die Fitnesscenter vor allem von diesen Menschen leben, die bezahlen, aber nicht kommen. Weshalb es im Übrigen ruhiger und billiger für diejenigen wird, die dort Sport treiben.) Diese guten Vorsätze halten aber meist nicht lange vor.

Auch bei der Arbeit spielen solche Fragen eine Rolle: Man nimmt sich vor, sich zu ändern, zum Beispiel öfter mal Nein zu sagen oder sich an sozial negativem Verhalten nicht zu beteiligen. Oder man hat die Absicht, weniger zu arbeiten und die Regeln eines guten Zeitmanagements einzuhalten. Doch oft scheint der Alltag widerspenstiger zu sein, als einem lieb ist, und die guten Vorsätze verlaufen im Sand. Jeder kennt dieses Problem: Man nimmt sich etwas fest vor, und dennoch hat dies nicht lange Bestand. Woher kommt das?

Kurzzeitvorteil statt Langzeitbedürfnis

Es liegt daran, dass der augenblickliche Wunsch und der Kurzzeitvorteil (die direkte Befriedigung) oft im Widerspruch stehen mit den Langzeitbedürfnissen – mit dem, wovon man auf lange Sicht profitiert. Insgeheim weiß man, dass man sich *nach* dem Sport oder Spazierengehen wesentlich besser fühlt. Doch *davor* liegt eine kleine Hürde, die oft nur darin besteht, aufstehen und sich in Bewegung setzen zu müssen.

Diese Hürde ist aber groß genug, um dem momentanen Verlangen nach Faulenzen, Essen, Trinken oder anderen Annehmlichkeiten nachzugeben. Es ist wie bei einem Auto, das sich nicht über eine Bodenschwelle schieben lässt, obwohl man weiß, dass es dahinter bergab geht und der Motor anspringen wird.

Mal ehrlich: Wenn Sie nachmittags an der Kasse im Supermarkt oder an der Tankstelle stehen, was ist verlockender? Ein Schokoriegel oder ein Sandwich mit Käse? Auch wenn Sie wissen, dass ein belegtes Brot Ihnen besser bekommt als eine dieser Kalorienbomben, wird es Ihnen schwerfallen, standhaft zu bleiben.

Das Gleiche spielt sich übrigens auch im großen Stil ab, ob es sich dabei nun um Politik, Wirtschaft oder Umwelt handelt. Während die Verantwortlichen meist nur auf akute Probleme reagieren, werden wichtige Aufgaben vernachlässigt. Die jüngste Finanz- und Wirtschaftskrise hat uns deutlich vor Augen geführt: Habgier und Kurzsichtigkeit (im Denken und Handeln) verhindern nachhaltige Lösungen, verschärfen unsere Probleme und verlagern sie dabei nur in die Zukunft.

Kurzfristiges Handeln verschärft Probleme

Wir beruhigen unser Gewissen mit der Illusion, dass wir es beim nächsten Mal anders machen

Das Tückische bei Langzeitbedürfnissen ist, dass man ihre Befriedigung erst einmal vor sich herschieben kann. Schließlich macht es keinen großen Unterschied, ob man nun heute oder morgen anfängt, gesünder zu leben. Das kurzfristige Verlangen macht sich lauter bemerkbar als das langfristige Bedürfnis. Und während wir ihm nachgeben, beruhigen wir unser schlechtes Gewissen mit dem neuen Vorsatz, dass wir uns beim nächsten Mal anders entscheiden. Damit verkaufen wir unsere Seele.

Mechanismus der Selbsttäuschung

Es gibt immer einen Grund für ungesundes Verhalten

Außerdem hat man immer eine Entschuldigung parat für ungesundes oder schädliches Verhalten, das man eigentlich ändern möchte. Der tiefere Grund dafür ist oft jedoch eine latente Unzufriedenheit, Unruhe oder Unsicherheit.

Nach meiner Überzeugung gelingt es erst dann, dieses Verhalten abzulegen, wenn man bereit ist, sich die eigentlichen Ursachen einzugestehen. Wer zum Beispiel raucht, weil er oder sie dabei leichter in Kontakt mit Kollegen kommt oder dies zum Anlass für zusätzliche kurze Pausen nimmt (sogenannte Raucherpausen), wird erst dann davon loskommen, wenn die diesem Verhalten zugrunde liegende soziale Unsicherheit erkannt wird. Vergleichbares gilt für jede Form von ungesundem oder ungewolltem Verhalten, das nur Kurzzeitbedürfnisse befriedigt.

Wo liegen die Ursachen?

Dringend oder wichtig – was hat Vorrang?

Das Wesentliche kommt meist zu kurz

Stephen Covey[24] weist auf den Unterschied zwischen *dringend* und *wichtig* hin. Wir erledigen zuerst, was sich nicht länger aufschieben lässt, auch wenn es eigentlich nebensächlich ist. Dadurch planen wir zu wenig Zeit für Dinge ein, die wirklich wichtig sind. Die können auch bis morgen warten, sagen wir uns, und schieben sie vor uns her, bis sie auf einmal dringend sind und unter Zeitdruck erledigt werden müssen. Dann leidet natürlich die Qualität (und die Vitalität) darunter.

So verfahren wir auch mit unserer Gesundheit: Erst wenn wir Übergewicht haben, gestresst oder erschöpft sind oder – noch schlimmer – einen Herzinfarkt erleiden, sind wir bereit, etwas zu ändern.

Gegensteuern durch Reflexion

Sich selbst den Spiegel vorhalten

Wie sorgt man dafür, dass sich eine warnende innere Stimme meldet, sobald man sich der Befriedigung von Kurzzeitbedürfnissen hingibt? Reflexion ist eines der Instrumente, das man sich zu Eigen machen kann, um Schritt für Schritt in Einklang mit seinen Langzeitbedürfnissen zu kommen.

Übung

- Nennen Sie ein Verhalten, das Sie unbedingt ändern möchten.
- Beschreiben Sie, was Ihnen dieses Verhalten bringt. Es gibt immer irgendwelche Vorteile. Nehmen Sie sich also genügend Zeit, um diese herauszufinden.
- Beschreiben Sie, was es Sie «kostet», wenn Sie ungesundes Verhalten beibehalten. Man muss immer irgendwie dafür «bezahlen»!
- Nennen Sie als Nächstes die Langzeitkonsequenzen: Wohin führt dieses Verhalten?
- Beschreiben Sie diese drei Aspekte – den *Nutzen*, die *Kosten* und die *Konsequenzen* – so farbig und realistisch wie möglich. Seien Sie ehrlich! Es ist hilfreich, die Antworten mit dem Partner, einem Freund oder einer Freundin zu diskutieren. Deren Sichtweise kann einiges ergänzen und das Bild treffender und vollständiger machen.

Sowohl im Privatleben als auch bei der Arbeit nehmen wir uns oft zu wenig Zeit, darüber nachzudenken, worum es eigentlich geht und was wirklich wichtig ist. Reflexion sollte nicht auf bestimmte Anlässe wie den Jahreswechsel oder Jubiläen begrenzt bleiben. Sie sollte ein fester Bestandteil unseres Alltags werden.

Tagesrückschau

Die *Tagesrückschau* (siehe S. 85ff.) als Form der regelmäßigen Reflexion ist ein gutes Hilfsmittel, den Blick für die eigenen Langzeitbedürfnisse zu schärfen. Auch die nachfolgende Tabelle kann uns dabei unterstützen:

Beispiel

devitalisierendes Verhalten	**direkte Vorteile**	**Langzeitkonsequenzen**	**Was gewinne ich durch die Änderung des Verhaltens?**
übertrieben viel arbeiten	Gefühl, unersetzlich zu sein; dem Vorwurf vorbeugen, man zeige zu wenig Einsatz ...	innere und soziale Verarmung, Burn-out; Ehe / Beziehungen werden weniger eng	mehr Kontakt zu Partner, Familie, Freunden; mehr Zeit für Lieblingsbeschäftigungen, um Neues auszuprobieren, seine «alte Haut abzustreifen»
zu viel Alkohol	entspannen; das Gefühl innerer Leere verdrängen; sich selbst in einem rosigeren Licht sehen; soziale Akzeptanz; Kontakte	weniger Energie und Leistung; kaputte Beziehung; labiles Selbstbewusstsein	mehr Konzentration und Energie; emotionale Stabilität; innere Ruhe und Unabhängigkeit
....			

VI.

Essen und Trinken mit Vernunft – und Gefühl

Keiner bezweifelt die grundsätzliche Bedeutung der Ernährung für Gesundheit und Vitalität. Doch manchmal scheint die Realität dies zu widerlegen: «Mein Opa ernährte sich nicht gerade gesund und war Kettenraucher – und ist trotzdem 90 Jahre alt geworden.» Oder: «Vor Kurzem ist unser Nachbar ziemlich jung gestorben, und der lebte überaus gesund.»

Natürlich entkräften solche die Fantasie anregenden Ausnahmen, die nur die Regel bestätigen, nicht die gesundheitsgefährdende Wirkung des Rauchens oder das Gesundheitsrisiko durch Übergewicht. Sie widerlegen auch nicht die gesundheitsfördernde Wirkung regelmäßiger Bewegung.

Ernährung und Gesundheit

Allerdings stimmen sogar Ernährungsexperten beim Thema «gesunde Ernährung» nicht immer überein, denn eindeutige Zusammenhänge zwischen der Aufnahme bestimmter Nährstoffe und ihrem Einfluss auf die Gesundheit sind schwer zu beweisen.

Nach Jaap Seidell, Professor für Ernährung und Gesundheit, spielt die Ernährung zwar «eine wichtige Rolle bei Gesundheit und Krankheit, doch es ist auch extrem schwierig, bestimmten Nährstoffen eine bestimmte Wirkung zuzuweisen.» Und sein Kollege Frans Kok fügt hinzu: «Wir wissen fast nichts mit Bestimmtheit.»[25]

Gesundes Verhalten ist besser als Diät

Selbstdisziplin ist Voraussetzung einer erfolgreichen Diät ...

Viele Diät-Kochbücher sind Bestseller geworden. Ein nachhaltiger Erfolg ihrer Methoden bei Gewichtsproblemen ist jedoch ungewiss. Denn die Wirkung vieler Diäten ist zeitlich begrenzt. Sie scheint zum großen Teil damit zusammenzuhängen, dass man sich selbst im Griff hat und sich beherrschen kann, anstatt von Essen und Trinken beherrscht zu werden. Demnach ist es weniger wichtig, *welche* Diät man befolgt. Entscheidender ist, dass man es schafft, eine vorgeschriebene Ernährungsweise beizubehalten, deren Eintönigkeit von Tag zu Tag stärker empfunden wird.

Gesunde Essgewohnheiten und ein entsprechendes Gewicht lassen sich also eher durch einen bestimmten Lebensstil erreichen und weniger mithilfe einer speziellen Diät. Aus meiner Sicht wird das Gewicht zu 80 Prozent durch das Verhalten in Bezug auf Bewegung, Essen und Trinken beeinflusst. Hinzu kommt die Frage – und dies ist vielleicht sogar der wichtigste Punkt –, inwieweit man sich in seiner Haut wohlfühlt.

Damit ist eine gesunde Ernährung letztlich auch eine Frage der inneren Haltung und nicht so sehr einer speziellen Diät. Einer inneren Richtschnur folgen, sich aber auch mal eine Ausnahme gönnen; bei sich selber wahrnehmen, wie sich etwas auswirkt; seine Prinzipien immer wieder auf den Prüfstand stellen und Neues nicht von vornherein ausschließen: Das ist Lebensstil!

Richtlinien für eine gesunde Ernährung

Für eine gesunde Ernährung genügt es, einige wenige Grundsätze zu beachten. Neu sind sie nicht, dennoch üben sie immer noch einen zu geringen Einfluss auf unsere Essgewohnheiten aus. Ein Grund mag sein, dass sie zu sehr an die Vernunft appellieren und überwiegend quantitative Aspekte betonen. Dabei wird übersehen, dass beim Essen und Trinken unheimlich viele Emotionen und Gewohnheiten im Spiel sind. Zu ihnen kann auch der Wunsch gehören, weniger Pfunde auf die Waage zu bringen.

... aber auch Emotionen wollen beachtet werden

1. Ohne Bewegung geht es nicht

Abnehmen wird kaum gelingen, ohne sich dabei intensiv zu bewegen – und Kalorien zu verbrennen. Die Erfahrung lehrt, dass Bewegung oft auch das Bedürfnis nach gesunder Ernährung fördert. Es wäre doch zu schade, das gute Trainingsergebnis mit einem Bierchen einfach wieder wegzuspülen.

2. Frisches Obst, Gemüse und Vollkornprodukte als Ernährungsbasis

Frisches Obst und Gemüse sowie Vollkornprodukte fördern die Gesundheit. Diese Produkte haben eine hohe Nährstoffdichte, das heißt der Anteil der im Lebensmittel enthaltenen Kohlenhydrate, Eiweiße, Fette, Mineralstoffe und Vitamine ist im Verhältnis zu seinem Energiegehalt sehr hoch. Im Gegensatz dazu weisen stark zuckerhaltige Produkte, fettreiche Lebensmittel oder alkoholische Getränke eine hohe Energiedichte auf. Mit ihnen nimmt man viele Kalorien zu sich, aber nur wenige Nährstoffe. Obst, Gemüse und Vollkornprodukte enthalten auch Ballaststoffe, die für eine gute Darmtätigkeit erforderlich sind und keinen (kalorienreichen) Ballast darstellen.

3. Mehr gesunde Fette – zum Beispiel durch mehr Fisch

Gesättigte Fettsäuren sollten reduziert werden, der Anteil mehrfach ungesättigter Fettsäuren sollte zunehmen. Zweimal in der Woche eine Portion Fisch, dabei einmal ein sogenannter Fettfisch wie beispielsweise Lachs, Hering, Makrele, Sardine, Sprotte, Aal oder Karpfen trägt zur Verbesserung des Fettsäurehaushalts bei.

Gesättigte Fettsäuren sind besonders reichlich in fetthaltigen Fleischprodukten enthalten (besonders in Wurst und Speck), in Vollmilchprodukten, vollfetten Käsesorten (Käse mit mehr als 45 Prozent Fett in der Trockenmasse, Rahmkäse), Sahne(soßen), Kokosfett, Schokolade und diversem «Knabberzeug».

Ungesättigte Fettsäuren kommen dagegen in pflanzlichen Fetten vor (zum Beispiel Sonnenblumen-, Raps- oder Olivenöl) oder Produkten, die daraus hergestellt wurden (Margarine, Halvarine, flüssige Back- oder Bratfette, Salatdressings etc.), in Fettfischen sowie in Nüssen und Erdnüssen. Die in fetten Seefischen enthaltenen Omega-3-Fettsäuren sollen einen besonders günstigen Einfluss auf das Herz-Kreislauf-System ausüben.

4. Weniger Zucker, Salz und Alkohol

Bei folgenden Produkten ist es ratsam, den Konsum einzuschränken:

- *Süßigkeiten oder zuckerhaltige Speisen* sollte man nur in geringen Mengen zu sich nehmen. Verzichten Sie möglichst auf den Zucker im Kaffee oder im Tee und meiden Sie zuckerhaltige Erfrischungsgetränke. Für sogenannte «Nahrungsmittel», die extrem viele Kalorien und so gut wie keine lebenswichtigen Nährstoffe enthalten, hat man die schönen Begriffe «leere Kalorien» oder «Kalorienbomben» erfunden.
- *Salz:* Wir nehmen durchschnittlich viel mehr Salz zu uns, als wir benötigen, vor allem durch den Konsum von (Fertig-)Produkten, denen Salz zugefügt wurde. Salz macht durstig und kann bei entsprechend veranlagten Menschen zu Bluthochdruck führen.
- *Alkohol:* Männer sollten nicht mehr als 20 Gramm Alkohol pro Tag zu sich nehmen, Frauen nicht mehr als 10 Gramm.[26] Nach einer Faustregel

kann man davon ausgehen, dass ein Glas Bier (250 ml), Wein (130 ml) oder Schnaps (20 ml) etwa 10 Gramm Alkohol enthalten (siehe auch S. 108ff.).

5. Mehr Zeit zum Genießen

Viele Menschen nehmen sich keine Zeit zum Essen, geschweige denn zum genussvollen Essen. Achten Sie darauf, was wirklich schmackhaft ist und nicht nur rasch den Hunger vertreibt. Die meisten Fertig- oder Fastfood-Gerichte kann man beim besten Willen nicht als Delikatesse bezeichnen. Der erste Bissen mag noch verlockend sein, doch der oft einseitige und undifferenzierte Geschmack wird bald schon langweilig. Natürlich befriedigt und sättigt diese Ernährungsweise nicht sehr lange und man bekommt schon bald wieder das Bedürfnis nach etwas anderem.

Viele Menschen schlingen das Essen und stürzen Getränke gedankenlos hinunter. Mehr Aufmerksamkeit beim Essen und Trinken führt unweigerlich dazu, geringere Mengen zu sich zu nehmen. Allein das ruhigere Tempo hat schon eine wohltuende Wirkung. Weil sich ein Sättigungsgefühl frühestens etwa 15 bis 20 Minuten nach Beginn der Mahlzeit bemerkbar macht, genügen bei gemächlichem Esstempo meist geringere Mengen, um den Hunger zu stillen. Der hastige Esser hat in dieser Zeit möglicherweise schon mehr «verdrückt», als ihm bekömmlich ist.

6. Bio-Lebensmittel sind hochwertig und schmackhaft

Schmackhaftes Essen mit frischen, möglichst natürlich erzeugten Lebensmitteln ist nicht nur gesünder. Es befriedigt den Gaumen auch ohne geschmacksintensivierende Zutaten und Aromen wie Salz, Mayonnaise, Ketchup etc. und unterstützt somit ein maßvolles Essen, da sich eine Befriedigung schneller einstellt.

Biologische Produkte haben noch einen weiteren großen Vorteil: Sie belasten die Umwelt weitaus weniger als die Erzeugnisse der konventionellen Landwirtschaft.

7. Fair-Trade-Produkte sind wertvoller

Sobald man Nahrungsmittel einkauft, übernimmt man auch Verantwortung dafür, wie sie hergestellt oder gehandelt wurden. Viele entstehen unter Umständen, die für Mensch und Tier, vor allem für die Erzeuger, unwürdig sind. Den etwas höheren Preis für fair gehandelte Produkte kann man als eine Art Anerkennung für den Hersteller betrachten.

Wir bezahlen oft zu wenig für Lebensmittel, die aus Dritte-Welt-Ländern stammen, und profitieren damit von unfairen Handelsbedingungen. Ein höherer Preis ermöglicht uns eine realistischere Sicht auf den tatsächlichen Wert eines Produkts. Wenn dies außerdem noch dazu führt, dass wir nicht mehr als nötig davon essen, haben wir sogar zwei Fliegen mit einer Klappe geschlagen und unserer Gesundheit einen Dienst erwiesen.

8. Jeder Verarbeitungsschritt fügt Kalorien hinzu

Fast immer gilt: Je weniger Verarbeitungsschritte, desto gesünder und kalorienärmer ist ein Produkt. Von der Kartoffel bis zu den Chips steigt der Kalorienanteil fast um das Siebenfache. Wenn wir darauf achten, dass der Großteil unserer Ernährung aus «normalen» Lebensmitteln besteht wie zum Beispiel Getreideprodukten und Gemüse, dann sind wir bereits auf dem besten Weg zu einem gesunden Gewicht. Ausgefallene Desserts, Saucen und Fertiggerichte können dann die Ausnahme bleiben.

Von der Kartoffel zu den Chips

oder: Wie die Kalorien Schritt für Schritt zunehmen

	Kalorien pro 100 Gramm:
Kartoffeln	85
Kartoffelpüree	100
vorgebratene Kartoffelscheiben	120
Rösti	144
Ofenpommes	286
Pommes (ungesalzen, frittiert)	310
Kartoffelkroketten	356
Pommes frites	456
Chips (light)	502
Chips (herkömmlich)	544

9. Getränke

Mineralwasser, Kräuter- oder Früchtetees enthalten keinen Zucker, sie sind koffeinfrei und damit weniger belastend für den Organismus als viele andere Getränke. Trinken Sie reichlich (Erwachsene mindestens 1,5 Liter täglich), aber trinken Sie kalorienarm. Bei Fruchtsäften sollte man zu Produkten ohne Zuckerzusatz greifen, die allerdings auch einen beachtlichen Gehalt an Zucker aus der natürlichen Fruchtsüße aufweisen können. Verdünnt mit Mineralwasser ergeben sie dennoch ein kalorienarmes und schmackhaftes Erfrischungsgetränk. – Über Kaffee und Alkohol finden Sie ergänzende Informationen auf Seite 105ff.

10. Weniger tierische Produkte

Wir kommen auch ohne Fleisch und Fisch aus, obwohl Fettfisch häufig zu den Empfehlungen für gesunde Ernährung gehört.

Durch die gewachsene Weltbevölkerung und den Massenkonsum von Fleisch, das früher einer privilegierten Bevölkerungsschicht vorbehalten war, hat die Viehhaltung gegenüber dem Ackerbau stark an Bedeutung gewonnen. Die Umweltbelastung (in Form von CO_2-Ausstoß) durch tierische Produkte (übrigens auch durch Molkereiprodukte) wird immer gravierender.

Aber nicht nur für die Umwelt, auch für die Gesundheit ist eine überwiegend pflanzliche Ernährung günstiger. Selbst wenn nur zwei- oder dreimal pro Woche Fleisch auf dem Speiseplan steht, lässt es sich damit gut leben.

In den Richtlinien der Deutschen Gesellschaft für Ernährung e.V. (DGE) findet man weitere wertvolle Tipps für eine ausgewogene und vollwertige Ernährung. Die *Zehn Regeln der DGE*[27] sind einleuchtend und einfach nachzuvollziehen (siehe www.dge.de). Ihnen ist ein Test vorangestellt, mit dessen Hilfe Sie herausfinden können, welchem Esstyp Sie angehören.

Wir essen mehr, als uns bewusst ist

Brian Wansink beschreibt in seinem Buch *Essen ohne Sinn und Verstand* auf humorvolle Weise allerlei bekannte und unbekannte Fakten zum Thema Essen und Essverhalten. Auch der Untertitel der englischen Ausgabe ist vielsagend: *Warum wir mehr essen, als wir glauben.*[28]

Tagtäglich treffen wir über 200 Essentscheidungen. In vielen Situationen essen wir, als gäbe es morgen nichts mehr, und das ist gerade deshalb so gefährlich, weil wir immer und überall von Nahrungsmitteln umgeben sind. Hinzu kommt, dass wir die Nahrungsmenge umso schlechter einschätzen können, je größer die Portionen sind. Unser Magen kann weder zählen noch wiegen, und es dauert etwa 15 bis 20 Minuten, bis sich ein Gefühl der Sättigung einstellt. In dieser kurzen Zeit können wir eine ganze Menge «verdrücken», auch wenn unser Nahrungsbedarf bereits gedeckt ist.

Die heimlichen «Verführer» beim Essen

Nicht nur die Portionen werden immer größer, sondern auch die Teller. Und diese verlangen wiederum nach größeren Portionen. Aus einer großen Tüte essen wir mehr Chips als aus einer kleinen Schüssel. Ähnliches gilt auch für Erfrischungsgetränke, die man aus Zweiliterflaschen in größeren Mengen konsumiert als aus einem Glas oder einem Becher.

Essen ist auch eine soziale Tätigkeit. Leider bringt dies aber mit sich, dass bei einem gemeinsamen Essen auch der Konsum steigt. Je mehr Menschen am Tisch sitzen, desto mehr wird pro Person gegessen. Es gilt die allgemeine Regel: Alles, was uns vom Essen ablenkt, trägt dazu bei, dass wir mehr essen. Auch nebenher fernsehen lenkt ab und sorgt dafür, dass man gedankenlos weiterisst und dadurch zunimmt.

Den unbewussten Spielraum nutzen

Der Kampf gegen Übergewicht lässt sich in vielen Fällen sogar ohne eine spezielle Diät gewinnen, wenn man den «unbewussten Spielraum» – jenen kaum wahrnehmbaren Unterschied – nutzt und durch kontrolliertes Essverhalten den Körper überlistet. Wir kommen problemlos mit hundert Kalorien weniger am Tag aus, ohne dabei hungern zu müssen. Ein zuckerhaltiges Erfrischungsgetränk am Tag kann im Laufe eines Jahres sieben Kilo Gewichtszunahme verursachen, ein Croissant sogar zwölf Kilo. 3500 Kalorien entsprechen in etwa einem Pfund Körpergewicht. Wenn wir noch den Vorteil hinzurechnen, den sportliche Aktivität bringt, rückt Abnehmen in greifbare Nähe.

Abnehmen in kleinen Schritten

Abnehmen muss langsam erfolgen; schneller Gewichtsverlust ist kontraproduktiv. Wenn man mehr als ein Kilo pro Monat abnimmt, fasst der Organismus dies als Alarmzeichen auf und reduziert die Fettverbrennung. Dieser «Sparmodus» ist eine Art Überlebensfunktion. Sobald er aktiviert ist, wird das Verbrennen von Kalorien und damit auch das Abnehmen noch schwieriger. Aber schon ein Kilo pro Monat ergibt aufs Jahr gesehen stattliche zwölf Kilo weniger.

(Über-)Gewicht ist ansteckend

Im Mittelalter gingen ganze Dörfer und Städte an der Pest und anderen Seuchen zugrunde. Später wurde Tuberkulose zur häufigsten Infektionskrankheit und ist es weltweit gesehen noch heute. Hygiene war zu allen Zeiten die wirksamste Maßnahme der Gesundheitsvorsorge, viel effektiver als alle Errungenschaften der modernen Medizin. Wer einige Vorsichtsmaßnahmen beachtet, kann manche unangenehme Infektion vermeiden. Aber Gesundheitsvorsorge ist damit nicht einfach zur privaten Angelegenheit geworden.

Der Arzt und Soziologe Nicolas Christakis beschreibt im *New England Journal of Medicine*[29] die soziale Ausbreitung von Übergewicht. Wie so manches ungesunde Verhalten scheint es ansteckend zu sein. Dicke Freunde machen einen dicker. Und wenn einer dieser Freunde weitere Pfunde zulegt, ist die Wahrscheinlichkeit relativ hoch, dass man selber auch zunimmt. Partner und enge Freunde haben dabei mehr Einfluss als Familienangehörige.

Soziales Umfeld als «Dickmacher»

Freundschaft reicht weit: Auch entfernt wohnende übergewichtige Freunde machen uns dicker. Anscheinend haben sie größeren Einfluss auf das Gewicht als ein vor Ort wohnender Nachbar. Dank einer Computer-Animation ließ sich nachvollziehen, wie das Netzwerk von etwa 12 000 Personen, die Christakis in seiner Studie beobachtete, im Laufe von 30 Jahren immer mehr «zunahm» – im wahrsten Sinne des Wortes.

Selbsteinschätzung: Während eines Gesundheitsprojektes in einem größeren Betrieb schnitt ich behutsam das Thema Übergewicht an, denn einer der Teilnehmer hatte einen beträchtlichen Umfang, aber offenbar keine Probleme damit. Er drehte gekonnt den Spieß herum und antwortete: «Ach, Doktor, Sie sollten mal meine Brüder sehen; im Vergleich zu denen bin ich richtig schlank!»

Wahrnehmung und *Vorbild* sind die Ansteckungsfaktoren, die hier am Werk sind. Die Wahrnehmung dient als Legitimierung: «Wenn *er* das tun darf, darf *ich* es auch.» Oder: «Ich mach mit, gemeinsam ist es doch viel schöner.» Oder: «Na also, ist doch gar nicht so schlimm.» Die eigene Vorstellung von Normalgewicht verändert sich unmerklich.

Was wird als «Normalgewicht» empfunden?

Übergewicht ist eine *multizentrische Epidemie,* die von mehreren Orten zugleich ihren Ausgang nimmt. Hoffnung verleiht die Tatsache, dass der Trend umkehrbar ist: Auch Menschen, die abnehmen, haben großen Einfluss auf ihre Umgebung. Auch ein Normalgewicht wirkt «ansteckend». Der momentane Trend geht jedoch eindeutig in Richtung Übergewicht und fördert damit dessen epidemische Ausbreitung.

Tipps zum Thema Ernährung

- Messen Sie Ihren Körperfettanteil. Viele Fitnessstudios verfügen über Waagen, die ihn annähernd ermitteln können. Wie gefällt Ihnen die Vorstellung, zu einem Drittel oder mehr aus Fett zu bestehen? Für Männer gilt ein Fettanteil von weniger als 20 Prozent als gesund, für Frauen ein Anteil von weniger als 25 Prozent, wobei mit zunehmendem Alter der Körperfettanteil etwas zunehmen darf. Wenn Sie Sport treiben, können Sie sich ab und zu beim Messen Ihres Körperfettanteils auf die Schulter klopfen.
- Frühstücken Sie, und wenn es nur eine Kleinigkeit ist. Es stimmt den Stoffwechsel auf den Tag ein und schützt Sie besser vor den Verlockungen zwischendurch.
- Halten Sie sich an regelmäßige Essenszeiten. Der dadurch entstehende Rhythmus beugt Hungergefühlen zwischen den Mahlzeiten vor, die zum «Naschen» verführen, und bewahrt vor Müdigkeit.
- Reduzieren Sie die Nahrungsmenge. Die üblichen Portionen sind in den vergangenen Jahren immer größer geworden.
- Frisch gepresster Orangensaft am Morgen ist erfrischend und lecker. Ein solcher Trunk hilft auch, wenn man zu depressiven Verstimmungen neigt und dem Tag mit bangem Gefühl entgegensieht. Es ist, als würde man pures Sonnenlicht trinken.
- Geburtstagskuchen am Arbeitsplatz kommt immer gut an, doch er wird bald schon zur Gewohnheit. Bringen Sie doch einmal etwas anderes mit.
- Teilen Sie doch mal ein Stück Kuchen oder einen Schokoriegel mit einem Kollegen: Nach einer halben Portion hat man oft schon (mehr als) genug. Wenn diese nicht ausreicht, sollten Sie Ihren Hunger ohnehin mit etwas anderem stillen.
- Oft isst man am Abend vor dem Schlafengehen noch einmal etwas aus purer Gewohnheit. Warum eigentlich?
- Keine Diät, sondern Lebensstil: Was man durch eine Diät an Gewicht verliert, nimmt man danach meistens wieder zu. Oft wiegt man später sogar mehr als zuvor.

Sollte man also dicken Menschen die Freundschaft kündigen? Das wäre ein schlechter Rat. Es geht auch anders: Wer einen «schwergewichtigen» Freundeskreis hat, kann ihn auch gezielt durch «Normalgewichte» erweitern. Auch diese wirken als Vorbild und haben damit Einfluss auf andere.

Die Publikation von Christakis bricht auch eine Lanze für eine Gesundheitsoffensive gegen Übergewicht in Unternehmen. Ein zunehmendes durchschnittliches Körpergewicht der Arbeitnehmer wird die Produktivität verringern, und irgendwann wird der Krankenstand zunehmen. Gerade in einem Betrieb kann man das kollegiale Miteinander nutzen, um gesundes Verhalten zum Vorbild zu machen.

Gesundes Verhalten zum Vorbild machen!

Genussmittel

Ratschläge zur Ernährung blieben unvollständig, würde man nicht auch die am häufigsten konsumierten Genussmittel einbeziehen, zu denen neben Alkohol und Kaffee auch das Rauchen gehört.

Kaffee

Kaffee ist das beliebteste Volksgetränk in vielen Teilen der Welt. Morgens eine Tasse Kaffee macht munter, während er uns am Abend den Schlaf rauben kann. Aus Gewohnheit, aber auch, um die Müdigkeit zu vertreiben, trinken die meisten viel mehr Kaffee, als ihnen bewusst ist oder als sie eigentlich wollen. Nach mehr als vier Tassen hat Kaffee keine aufmunternde Wirkung mehr, und die Müdigkeit lässt sich dann auch nicht mehr damit vertreiben. Stattdessen wird man nervöser und zittriger.

Muntermacher mit Nebenwirkung

Viele Menschen, vor allem Abendmenschen, befinden sich in einem Teufelskreis: Sie gehen abends zu spät schlafen und kommen am nächsten Morgen nur mit Mühe wieder aus dem Bett. Tagsüber fühlen sie sich erschöpft, und die Müdigkeit (und auch die Gereiztheit) überfällt sie zu unterschiedlichen Zeiten. Diese wird dann mit Kaffee bekämpft, und abends wird dann eine Gegenmaßnahme nötig, um wieder zur Ruhe zu kommen. Oft werden übermüdete Menschen am Abend munter, genießen diese Zeit und gehen dann wieder später ins Bett, als sie es sich eigentlich vorgenommen hatten.

Versuchen Sie einmal, diesen Teufelskreis zu durchbrechen, indem Sie weniger Kaffee trinken. Gestehen Sie sich Ihre Müdigkeit ein und gehen Sie früher zu Bett. Auch andere Maßnahmen, die auf einen guten Schlaf vorbereiten (siehe S. 70ff.), können geeignet sein. Der Urlaub ist eine gute Gelegenheit, diese einmal auszuprobieren.

Obergrenze für Kaffeekonsum

Kaffeetrinken bei der Arbeit wird sehr stark von Gewohnheiten bestimmt. Oft ist eine Tasse Kaffee der Versuch, aus dem Alltagstrott herauszukommen. Oder der Kaffee dient als Waffe im Kampf gegen die Müdigkeit. Mal kurz an die frische Luft gehen, einen Spaziergang machen oder ein kurzes Gespräch mit Kollegen bewirkt auf jeden Fall mehr als noch eine weitere Tasse Kaffee. Die Obergrenze für den täglichen Kaffeekonsum ist individuell verschieden; für die meisten gilt, dass vier bis fünf Tassen nicht überschritten werden sollten.

Ein paar Kaffeetipps

- Trinken Sie Kaffee, der nach Ihrem Geschmack zubereitet ist. Trinken Sie ihn mit Bedacht und genießen Sie ihn. Auf jene Tassen oder Becher, die Sie gedankenlos hinunterkippen, können Sie leicht verzichten.
- Trinken Sie weniger, aber besseren Kaffee. Wenn Sie nebenher ein Glas Wasser trinken, können Sie damit die geringere Flüssigkeitsaufnahme ausgleichen.
- Ersetzen Sie Kaffee durch Wasser oder Tee. Schwarzer und grüner Tee ähneln in ihrer Wirkung durchaus dem Kaffee; Früchte-, Kräuter- oder Rooibostees haben keine aufputschende Wirkung und sind hervorragende Durstlöscher.
- Bieten Sie Ihren Freunden, Gästen oder Kunden nicht nur Kaffee an, sondern auch Tee oder Wasser, eventuell auch ein Erfrischungsgetränk.
- Trinken Sie abends koffeinfreien Kaffee und beobachten Sie, ob sich die Schlafqualität dadurch verbessert.
- Tipp für Arbeitgeber: Ein Angebot von qualitativ hochwertigem Kaffee und Tee am Arbeitsplatz wird von Mitarbeitern sehr geschätzt.

Rauchen

Den größten Gefallen tun wir unserer Gesundheit, wenn wir mit dem Rauchen aufhören (wobei die Einschränkung gilt, dass bei starken körperlichen Abhängigkeiten auch die gesundheitlichen Folgen des Entzugs zu berücksichtigen sind). Die Vielzahl schwerer Krankheiten, die durch das Rauchen verursacht oder verschlimmert werden, umfasst wesentlich mehr als Lungenkrebs und Herz- und Gefäßkrankheiten. Männer lassen sich gerne davon beeindrucken, dass Rauchen impotent macht. Frauen sind eher empfänglich für das Argument, dass es die Haut schneller altern lässt. Doch auch Blasen- oder Zungenkrebs oder verminderte Intelligenz als Folge von Arteriosklerose sind nicht sehr verlockend.

Auswirkungen des Rauchens

Eine Studie mit mehr als 10 000 Probandinnen, in der die Auswirkungen des Rauchens und die gesundheitlichen Folgen nach einer Entwöhnung untersucht wurden, führte zu folgenden Ergebnissen:

- Rauchen verringert die Lebenserwartung, unabhängig von der im Einzelfall vorliegenden Todesursache. Je mehr man raucht, desto größer ist die Wahrscheinlichkeit, ernsthaft zu erkranken, wobei Herz- und Gefäßerkrankungen die wichtigste Rolle spielen.
- Raucher trinken im Durchschnitt mehr Alkohol und bewegen sich weniger.
- Nichtraucher haben zwar tendenziell ein höheres Gewicht als Raucher. Der Unterschied beträgt im Durchschnitt jedoch nur zwei Kilo.
- Je früher man mit dem Rauchen anfängt, desto schwieriger ist es, damit aufzuhören.

Und jetzt die guten Nachrichten:

- Nachdem man mit dem Rauchen aufgehört hat, verringern sich die Gesundheitsrisiken zunehmend. Nach etwa fünf Jahren hat sich die Wahrscheinlichkeit, an Herz- und Gefäßleiden zu erkranken, auf Nichtraucherniveau verringert. Nach etwa 20 Jahren sind alle Gesundheitsrisiken auf Nichtraucherniveau.
- Je früher man sich das Rauchen abgewöhnt, desto schneller verringern sich die Gesundheitsrisiken. Dabei ist es zum Aufhören nie zu spät. Wer vor dem sechzigsten Lebensjahr aufhört, steigert seine Lebenserwartung im Durchschnitt um drei Jahre, wer sich gar vor dem fünfzigsten von diesem Laster lossagt, darf sogar darauf hoffen, sechs Jahre länger zu leben.

Zum Aufhören ist es nie zu spät!

Natürlich fällt es in der Regel sehr schwer, dem Nikotin zu entsagen. Hilfreich ist es, einen Zeitpunkt zu wählen, der eine Zäsur im Leben darstellt. Ein Umzug, eine Schwangerschaft, ein Jobwechsel sind Anlässe, die man mit einem solchen Entschluss feiern kann. Wer befürchtet, dass er zunimmt, sollte damit beginnen, Sport zu treiben, und erst in einem nächsten Schritt – nach etwa drei bis sechs Monaten – auf die Zigarette verzichten. Damit beugt man nicht nur einer allzu großen Gewichtszunahme vor. Die Bewegung weckt in einem

Den passenden Zeitpunkt finden

Bewegung motiviert zum Nichtrauchen

den Wunsch nach einer gesunden Lebensweise, und man wird weniger dazu neigen, zum Glimmstängel zu greifen.

Nicht zu unterschätzen ist ein positiver Nebeneffekt des Nichtrauchens: Man spart dabei eine Menge Geld! Gönnen Sie sich dafür etwas, wovon Sie schon lange geträumt haben. Nach einem Jahr ohne Zigarette kann schon eine kleine Reise dabei herausspringen.

Dirk hatte schon vor mehreren Jahren das Rauchen aufgegeben. Als er in ein Arbeitsumfeld wechselte, wo alle rauchten, fing auch er wieder damit an. Dies nahm sein neuer Arbeitgeber zum Anlass, die Raucherbüros abzuschaffen. Der Betrieb sollte kein Umfeld mehr sein, in dem man zum Rauchen verführt wird. Rauchen und Arbeiten passen nicht zusammen.

Alkohol

Die Grenze zum Alkoholmissbrauch ist fließend

Über Alkoholkonsum ließe sich ein ganzes Buch schreiben. Während Rauchen generell schädlich und zudem lästig für die Mitmenschen ist, spricht nichts dagegen, ab und zu ein Gläschen Wein zu trinken. Die Grenze zum Alkoholmissbrauch ist jedoch fließend und wird von vielen unbemerkt überschritten, was die vielfältigsten körperlichen, psychischen und sozialen Probleme zur Folge haben kann.

Alkoholische Getränke und ihr Alkoholgehalt

Bier	0,3 l	ca. 13 g
Wein	0,2 l	16 bis 20 g
Sherry	0,1 l	ca. 16 g
Likör	0,02 l	ca. 5 g
Whisky	0,02 l	ca. 7 g

Beim Alkoholkonsum geht es vor allem darum, Grenzen einzuhalten. Das Problem vieler Menschen besteht darin, das richtige Maß zu finden. Und fast genauso viele wollen dies nicht zugeben. Dabei ist es merkwürdig, dass Alkoholkonsum mehr Schamgefühle auslöst als das Rauchen. Stellen Sie sich nur einmal vor, dass jemand zu Ihnen sagt: «Trinken Sie nicht ein bisschen zu viel?» Niemand würde das offen zugeben. Alkoholkonsum ist sehr stark mit der Gefahr der Selbsttäuschung verbunden und erfordert ein hohes Maß an Selbstbeherrschung.

Hilfe bei Suchtproblemen

Wer bei sich selbst Anzeichen für ein Alkoholproblem feststellt, sollte sich nicht scheuen, das Gespräch mit dem Partner zu suchen und sich an seinen Hausarzt oder eine spezialisierte Beratungsstelle zu wenden. Im Internet findet man interaktive Seiten, mit deren Hilfe man seinen Umgang mit Alkohol überprüfen kann. So bietet zum Beispiel die Bundeszentrale für gesundheitliche Aufklärung (BZgA) unter www.kenn-dein-limit.de einen Selbsttest an, der ein gutes Feedback liefert, sofern man die Fragen ehrlich beantwortet. Unter dieser Adresse findet man auch umfassendes Informationsmaterial sowie Kontaktadressen bei Alkoholproblemen.

Regeln für einen maßvollen Alkoholkonsum

- Männer sollten im Schnitt nicht mehr als täglich zwei Gläser eines alkoholischen Getränks zu sich nehmen und nie mehr als fünf Gläser bei einem besonderen Anlass.
- Frauen sollten im Schnitt nicht mehr als ein Glas pro Tag trinken und nie mehr als drei Gläser nacheinander. Hier scheint die Natur nicht ganz fair mit Frauen umzugehen, aber ihr Organismus braucht länger, um den Alkohol abzubauen. Ihnen bleibt also nichts anderes übrig, als darauf Rücksicht zu nehmen.
- Verzichten Sie an mindestens zwei Tagen in der Woche auf Alkohol. Damit vermeiden Sie eine unbewusst erfolgende Gewöhnung. Dies gibt Ihnen außerdem die Gewissheit, dass Sie auch ohne Alkohol auskommen.

Die Schriftstellerin Connie Palmen, die schonungslos über ihre Alkoholprobleme spricht, beschreibt Sucht als «eine Freundschaft ohne Freunde».

Alkohol und Arbeit

Das Thema Alkohol und Arbeit verdient große Aufmerksamkeit, sowohl unter dem Gesichtspunkt der Gesundheit und Vitalität als auch unter dem der Produktivität. Dennoch ist es vielerorts tabu. Die Auswirkungen von über-

Leistungsvermögen sinkt, Unfallrisiko steigt

mäßigem Alkoholkonsum auf die Arbeitssituation werden in den folgenden Kernpunkten, wie sie die Deutsche Hauptstelle für Suchtfragen e.V. (DHS) zusammenfasst, in ihrem ganzen Ausmaß deutlich:

- Zehn Prozent aller Beschäftigten – von der Geschäftsführung bis zur Aushilfskraft – trinken aus gesundheitlicher Sicht zu viel. Fünf Prozent trinken riskant, weitere fünf Prozent sind suchtgefährdet.
- Bei jedem fünften Arbeits- und Wegeunfall spielt Alkohol eine Rolle. Riskant trinkende Beschäftigte sind 3,5-mal häufiger in Arbeitsunfälle verwickelt.
- Mit zunehmendem Alkoholkonsum fehlen Beschäftigte bis zu 16-mal häufiger am Arbeitsplatz. Das bedeutet 25 Prozent weniger Arbeitsleistung.
- Bei jeder sechsten Kündigung geht es um Alkohol.
- Bei jungen Beschäftigten überwiegen eher akute Probleme mit Alkohol, zum Beispiel Kater, Müdigkeit und Konzentrationsmangel, bei älteren treten eher Probleme im Sinne einer Abhängigkeit auf.[30]

Präventionsmaßnahmen im Unternehmen

Sichtbar ist immer nur die Spitze des Eisbergs, während das Ausmaß an Problemen durch Alkoholkonsum, das sich unerkannt unter der Oberfläche verbirgt, oft immens ist. Die dadurch verursachten Fehlzeiten, die Auswirkungen im sozialen Bereich sowie auf die Arbeitssicherheit und Arbeitsqualität sind zu groß, um sie zu ignorieren. Viele Betriebe bieten bereits Hilfs- und Präventionsmaßnahmen an, denn es ist höchste Zeit, die Bewältigung von Alkoholproblemen nicht allein den Mitarbeitern zu überlassen, sondern mithilfe eines klar formulierten Verhaltenskodexes die Arbeitssphäre vor den Folgen des Alkoholmissbrauchs zu schützen.

Intermezzo:

Ausbruch aus der Abwärtsspirale – Auftrieb durch gesunde Lebensweise

Ungesunde Verhaltensweisen bedingen und verstärken sich oft gegenseitig. So sind zum Beispiel Rauchen, Alkoholkonsum und zu spätes Zubettgehen oft aneinander gekoppelt. Zur Fitness trägt dies alles nicht bei und wird wohl auch nicht dazu anstiften, sich mehr zu bewegen. Somit liegt das Übergewicht bereits auf der Lauer, was die Hürde zum Sporttreiben noch höher werden lässt. Und wenn die Kondition nach einiger Zeit deutlich nachgelassen hat, ist auch die Motivation, etwas für die Gesundheit zu tun, auf dem Tiefpunkt.

Ungesunde Verhaltensweisen verstärken sich gegenseitig

Chronisch ungesundes Verhalten hat fast immer negative Folgen für die Stimmung und das Selbstwertgefühl. Man ist mutlos und niedergeschlagen und bringt am Ende nicht mehr genug Willenskraft auf, um den Abwärtstrend zu stoppen. Andererseits liegen oft ein negatives Selbstbild und Unzufriedenheit mit sich selbst dem ungesunden Verhalten zugrunde. Ich vermute, dass ein geringes Selbstwertgefühl mehr als alles andere für eine dauerhaft ungesunde Lebensweise verantwortlich ist.

Zum Glück ist dieses Prinzip auch umgekehrt feststellbar: Auch gesunde Verhaltensweisen bedingen sich gegenseitig. Sport treiben und Bewegung im Allgemeinen machen fit und tragen dazu bei, dass man seine Vitalität mehr zu schätzen weiß. Nicht nur «weil man weiß, wofür man es tut», sondern «weil man auch spürt, wofür man es tut», ist man eher dazu bereit, auf etwas zu verzichten, wonach einem vielleicht gerade der Sinn steht, aber von dem man weiß, dass man es besser lassen sollte. Man wird sensibler dafür, was sich gerade im eigenen Körper abspielt, und beginnt auch, mehr darauf zu achten. Die körperliche und die mentale Selbstwahrnehmung werden stärker. Manches gelingt einem nun besser und geht leichter von der Hand, und so schließt sich der Kreis. Denn wer ist nicht zufriedener und positiver gestimmt, wenn er sich fit und gesund fühlt?

Soziale Ansteckung

Die beschriebene Kettenreaktion erfolgt auch im Sozialen. Im vorhergehenden Kapitel über Essen und Trinken wurde dargestellt, dass Übergewicht «ansteckend» ist, vor allem im direkten sozialen Umfeld, zum Beispiel beim

Beispiel einer Abwärtsspirale

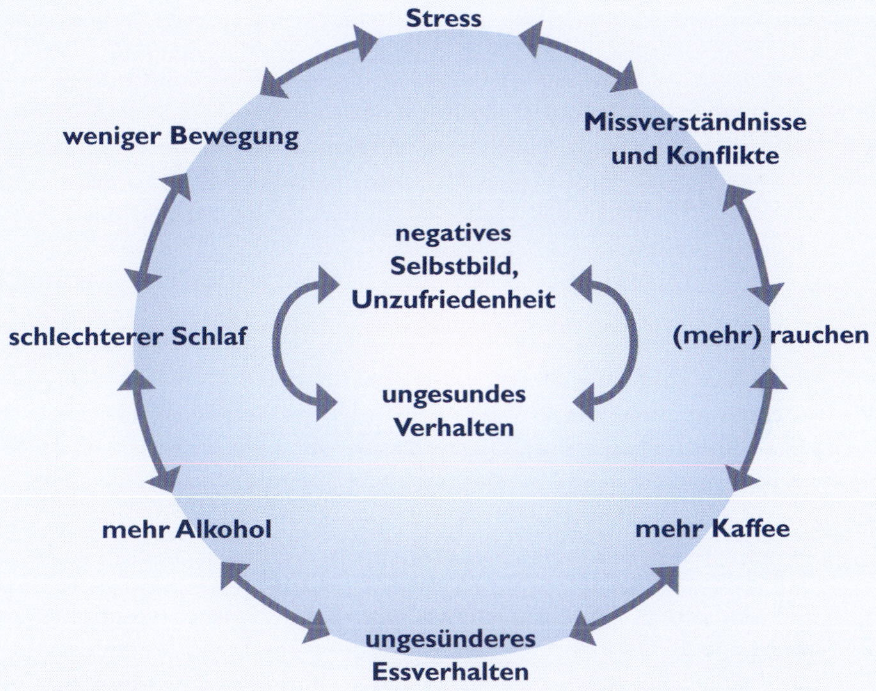

Die Anordnung der Verhaltensweisen ist beliebig; viele können auch an anderer Position in dieser Spirale stehen.

Motivation durch das Miteinander

Partner, innerhalb der Familie oder im engsten Freundeskreis. Dies kann eine Falle sein, bietet aber auch Chancen: Wir müssen nicht alles ganz alleine bewältigen, wir können uns mit anderen zusammentun. So mancher bleibt dem Sport treu, weil er sich mit anderen (Freundin oder Freund, Kollegen, Gruppe) dazu verabredet. Der soziale Spaßfaktor ist ein zusätzlicher Anreiz.

Doch wie findet man aus der Abwärtsspirale heraus? Denn oft ist den Betroffenen ihr ungesundes Verhalten durchaus bewusst – sie können sogar darunter leiden. Trotzdem gelingt es ihnen nicht, aus dem Teufelskreis auszubrechen.

Die Richtung ändern durch Selbstwahrnehmung und kleine Schritte

Durch Selbstmanagement zu einer gesunden Lebensweise

Selbstbetrachtung ist der erste Schritt beim Selbstmanagement: Ohne Wahrnehmung des eigenen Körpers und der eigenen Seele spürt man nicht, was einem fehlt. Paradoxerweise kann der Blick auf eigene Fehler und Schwächen aber auch zu Schuldgefühlen und Mutlosigkeit führen. Diese haben oft eine lähmende Wirkung, und das daraus entstehende Gefühl der Unzufriedenheit führt bei vielen dazu, dass sie wieder in ungesunde Verhaltensmuster zurückfallen.

Daher ist es wichtig, ganz bewusst zu formulieren, was man ändern möchte. Sobald dies geschehen ist, sollte man ein kleines, überschaubares Ziel ins Auge fassen, von dem man weiß, dass es erreichbar ist. Dabei ist es hilfreich, einen zeitlichen Rahmen festzulegen. Nehmen Sie sich zum Beispiel vor, eine bestimmte Veränderung in Ihrem Verhalten sechs Wochen beizubehalten. Nach dieser überschaubaren Zeitspanne können Sie selbst beurteilen, ob das Experiment geglückt ist und Sie die erprobte Verhaltensweise beibehalten wollen.

SMART – Ziele definieren und aufschreiben

Oft sind unsere Ziele ziemlich vage formuliert. So manches sinnvolle Vorhaben verläuft dadurch im Sande. Der Vorsatz «gesünder leben» oder «mehr bewegen» ist so diffus, dass es im Grunde nur schiefgehen kann.

Kriterien für zielorientiertes Vorgehen

Eine bewährte Methode aus dem Projektmanagement besteht darin, seine Ziele nach Kriterien zu formulieren, die sich in dem Kürzel SMART verbergen: *specific, measurable, accepted, realistic, timely.* Sie sagen uns, worauf wir uns konzentrieren sollten, wenn wir unsere Absichten erfolgreich verwirklichen wollen.

S	spezifisch	Ziele müssen unmissverständlich definiert sein (nicht vage, sondern so präzise wie möglich).
M	messbar	Ziele müssen messbar sein.
A	akzeptiert	Ziele müssen von den Betroffenen akzeptiert werden.
R	realistisch	Ziele müssen erreichbar sein.
T	terminierbar	Es gibt eine klare Terminvorgabe, bis wann das Ziel erreicht sein muss.

Beispiel für die Formulierung eines Ziels nach SMART-Kriterien

Spezifisch: «Mehr bewegen» ist zu vage. Welche Art von Bewegung können Sie sich vorstellen? Wollen Sie alleine Sport treiben oder gemeinsam mit anderen? «Gesünder ernähren» ist auch zu vage, ebenso «weniger Alkohol».

Messbar: Verwirklichen Sie Vorhaben – zum Beispiel einen arbeitsfreien Abend mit der Familie – regelmäßig: jeden zweiten Tag, einmal pro Woche oder einmal im Monat. – Nicht alles im Leben ist messbar, manchmal lässt sich «messbar» auch durch «nachvollziehbar» ersetzen.

Akzeptiert: Sich etwas vorzunehmen, worauf man überhaupt keine Lust hat, ist zum Scheitern verurteilt. Suchen Sie sich also etwas aus, worin Sie einen Sinn sehen und bei dem Sie zumindest ein bisschen Spaß haben.

Realistisch: Es muss auch zu Ihrem Leben passen. In einer Lebenssituation mit viel Arbeit und einer jungen Familie hat man nun mal wenig Zeit. Es ergibt keinen Sinn, sich dann unrealistische Ziele zu stecken.

Terminierbar: Vereinbaren Sie mit sich selbst, wann Sie etwas tun wollen und wie lange. Teilen Sie dies auch Ihrer Partnerin oder Ihrem Partner mit. Schreiben Sie es in Ihren Terminkalender. Am besten, Sie reservieren gleich einen Nachholtermin, falls Ihnen etwas dazwischenkommt. Dann ist der Drang, es nachzuholen, viel größer. – Wenn Sie auch festlegen, wie lange die Vereinbarung gelten soll, schlagen Sie zwei Fliegen mit einer Klappe: Sie machen es sich leichter, wenn Sie nicht für die Ewigkeit planen, und Sie bauen Entwicklungspotenzial mit ein. Nehmen Sie sich beispielsweise nicht gleich vor, dreimal in der Woche schwimmen zu gehen. Es ist besser, sechs Wochen lang nur einmal pro Woche zu gehen und erst wenn es geklappt hat noch ein zweites Mal. Es ist besser, sich etwas vorzunehmen, was sich auch umsetzen und steigern lässt, als später seine Ansprüche zurückzuschrauben.

Es ist sehr wichtig, schriftlich festzuhalten, was man sich vorgenommen hat. Das wirkt wie ein Vertrag, den man mit sich selbst geschlossen hat, und garantiert, dass man seine Vorsätze nicht vergisst.

Unsere Gedanken und Absichten sind oft sehr ungenau. Sie auszusprechen ist bereits eine große Hilfe, vor allem wenn man einen Zeugen hat. Die konkrete Umsetzung gewinnt aber noch mehr an Kraft, wenn man sein Vorhaben aufschreibt. Dabei kommt es auf eine möglichst genaue Formulierung an. Aufschreiben bedeutet, eine Verpflichtung einzugehen.

Schulterklopfen

Kleine Schritte führen sicher zum Ziel ...

Wer eine Vereinbarung mit sich selbst einhalten konnte, hat allen Grund dazu, sich auf die Schulter zu klopfen. Der Weg für ein weiteres überschaubares und realistisches Ziel ist nun frei. Nehmen Sie sich vor allem kleine Schritte vor; sie bieten eher die Chance, dass sie gelingen, und liefern mehr Erfolgserlebnisse (die Sie allesamt feiern dürfen). Lieber viele kraftvolle kleine Schritte als übermütige große. In dieser Beziehung verhält es sich beim Arbeiten an der Gesundheit wie beim Bergsteigen.

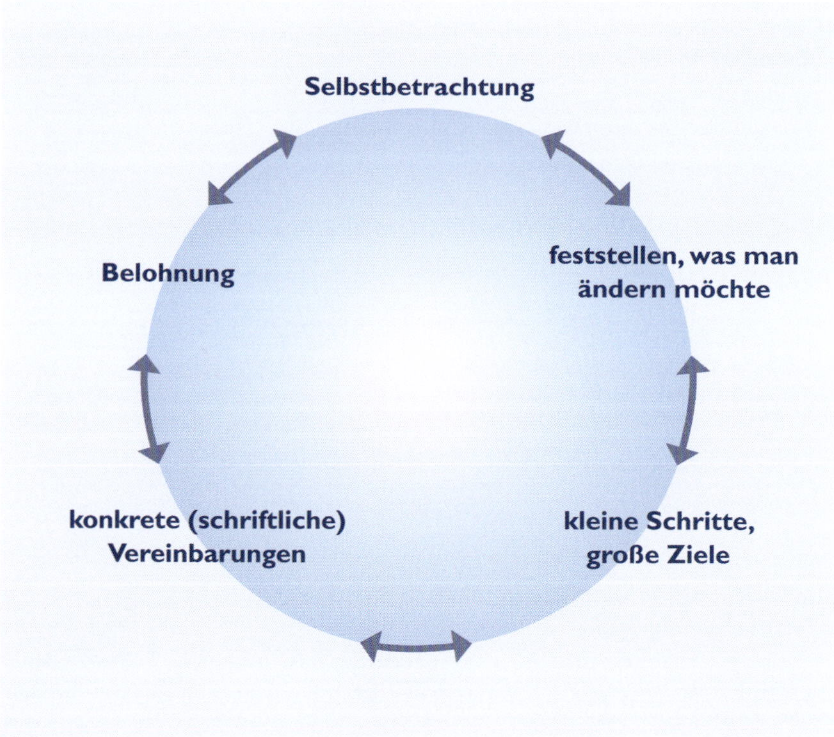

Seine Ziele erreicht man also ausgehend von der *Selbstbetrachtung* in *kleinen Schritten* (die Endziele an sich dürfen ruhig groß sein) mithilfe von konkreten und schriftlichen *Vereinbarungen*. Und nicht vergessen: Wenn man das Vorhaben erfolgreich ausgeführt hat, darf man sich selbst *belohnen*.

... und verhindern Enttäuschungen

Oft sind es die zu großen und vor allem die diffusen Vorhaben, die misslingen und damit zu Gefühlen der Enttäuschung und des Unvermögens führen, die ein erneutes Scheitern einleiten. Bei allem, was man sich vornimmt, sollte also eine realistische Chance bestehen, dass es gelingt. Viele kleine machbare Schritte vermitteln ein positives Selbstbild und bestärken darin, sein Schicksal selber in die Hand zu nehmen.

VII. Atmung und Meditation als Vitalitätsquellen

Die Atmung ist eine unserer stärksten Vitalitätsquellen. Ein weiterer Vorteil ist, dass wir sie immer verfügbar haben und somit überall zu Hilfe nehmen können. Zum Beispiel wenn wir gestresst sind, während einer unangenehmen Besprechung oder eines schwierigen Gesprächs, wenn wir uns langweilen, wenn wir am Bahnhof warten oder im Stau stehen ...

Jon Kabat-Zinn,[31] der sich für die Verbreitung der «Achtsamkeitsmeditation» eingesetzt hat, formuliert das Besondere an der Atmung so: «Die Atmung ist wie ein alter Freund, sie verankert uns, verleiht uns Stabilität wie die Pfeiler einer Brücke, die im festen Untergrund ruhen, während sie der Fluss umströmt. Die Atmung kann uns auch daran erinnern, dass etwa fünf Meter unterhalb der Meeresoberfläche Stille herrscht.»

Atmung ist der Schlüssel zur inneren Ruhe und Selbstbesinnung

Er weist darauf hin, dass man über die Atmung Zugang zu einer inneren Ruhezone bekommt, die sich unter der hektischen Oberfläche des Alltags befindet. Durch konzentriertes Ein- und Ausatmen kann man wieder auf diese Ruhe zugreifen, die wie ein festes Flussbett unter einem wild strömenden Fluss liegt.

Meist wird die Atmung unter dem Stichwort Entspannung mit abgehandelt. Doch richtig ausgeführt, ist sie mehr als das und verdient ein eigenes Kapitel. Ziel ist es, in der Atmung ein Instrument zu erkennen, mit dessen Hilfe sich jede Arbeit mit mehr Konzentration, Ruhe und Effektivität ausführen lässt. Auch kann die Atmung dazu beitragen, sich wieder auf sich selbst zu besinnen, wenn man sich in der Hektik des Alltags zu verlieren droht.

Das Wunder der Atmung

Das Atmungssystem des Menschen ist ein kleines Wunder: Es ist das einzige Organsystem, das zwar automatisch-unbewusst funktioniert, auf das wir aber dennoch bewusst Einfluss nehmen können.

Vegetative Funktionen wie Herzschlag, Darmtätigkeit, Menstruationszyklus oder Blutdruck laufen völlig unbewusst ab, ohne dass wir eingreifen müssten. Das ist auch gut so, denn die Steuerung dieser komplexen Vorgänge würde uns überfordern. Viele motorische Funktionen sind dagegen willentlich ausgeführte Bewegungen und erfordern eine bewusste Steuerung. Es dauert

Jahre, bis man gut Geige spielen kann, und wenn man nicht ständig übt, lässt die Geschicklichkeit wieder nach.

Die Atmung lässt sich zwischen den willkürlich und den unwillkürlich gesteuerten Körperfunktionen einordnen: Solange wir uns nicht einmischen, geht alles automatisch, aber wenn wir wollen, können wir selbst Einfluss nehmen. Durch Kontrolle der Atmung lernen wir sprechen und singen, sind wir imstande, die Luft anzuhalten, wenn wir untertauchen oder dem Schluckauf ein Ende setzen möchten.

Stressbewältigung durch kontrolliertes Atmen

Die Atmung spielt sich an der Grenze zwischen bewusster und unbewusster Steuerung ab und wird dadurch sowohl zur Angriffsfläche für Stress als auch zu einem potenziellen Instrument der Stressbewältigung. Die Folgen einer Reaktion der Atmung bei Stress, Panik oder Erregung kennt jeder, dem es schon einmal schwindelig wurde beim Hyperventilieren, der bei einer Präsentation kaum noch weitersprechen konnte oder feststellen musste, dass er einen Blackout hat. Tiefes und ruhiges Ein- und Ausatmen hingegen verleiht Ruhe und Entspannung und ermöglicht den Zugang zu unseren tiefer liegenden Bewusstseinsebenen. Sportler, Musiker und andere, die Höchstleistungen bringen müssen, setzen daher die Atmung ganz gezielt ein. Sie nutzen sie als Instrument, um ihre Konzentration und damit ihre Leistung zu verbessern.

Die Atmung – ein Multitalent!

Die Atmung hat neben ihrer banalen Stoffwechselfunktion, der Aufnahme von Sauerstoff und dem Ausscheiden von Kohlendioxid, noch eine ganze Reihe weiterer wichtiger Eigenschaften.

- Ruhiges und tiefes Atmen hilft dabei zu *entspannen*, zur Ruhe zu kommen und die Emotionen zu steuern. Konzentrieren Sie sich auf das Ein- und Ausatmen und zählen Sie die Atemzüge.
- Ruhiges und tiefes Atmen fördert die *Konzentration*, erhöht dadurch die Leistung und verbessert das Gedächtnis.
- Die Atmung hat auch eine *soziale Wirkung;* wer tief und ruhig atmet, hat eine beruhigende Wirkung auf sein Umfeld – im Unterschied zu jemand, der schnell atmet oder spricht.
- Ruhiges und tiefes Atmen verbessert den *sprachlichen Ausdruck*: Die Stimme wird ruhiger und kräftiger, die Artikulation wird deutlicher und das Gesagte wird besser verstanden.

- Die Atmung ist ein *Vitalisator* mit sofortiger Wirkung. Öffnen Sie einmal das Fenster und holen Sie tief Luft, als würden Sie klares, frisches Wasser trinken!
- Ruhiges und tiefes Atmen (und Sprechen) *entlastet das Herz*. Es ist vergleichbar mit dem Lüften eines Zimmers an einem schönen Frühlingstag. Es ist also tatsächlich möglich, auch das Herz zu lüften!
- Über Jahrhunderte hinweg haben (fast) alle *Meditationsformen* die Atmung als Instrument für tiefere Einsicht und größere Authentizität genutzt. Ruhiges und tiefes Atmen gibt innerlich Halt und unterstützt die Selbstwahrnehmung.
- Tiefes Ein- und Ausatmen *reduziert Schmerzen*. Dies spielt vor allem bei Geburten eine Rolle, ist aber auch hilfreich beim Zahnarztbesuch oder wenn man unter starken, schmerzhaften Verspannungen leidet.

Atme mit Achtsamkeit

Einer, der sein ganzes Tun und Wirken auf eine gesunde Atempraxis aufbaut, ist der vietnamesische Mönch Thích-Nhât-Hanh. Seine Botschaft ist ebenso einfach wie wirksam: Atme mit Achtsamkeit und gehe mit Achtsamkeit, das ist die Grundlage für Ruhe und Vitalität. Er kleidet seine Atemübungen in einfache Sprüche, zum Beispiel:

> Ich atme ein und komme zur Ruhe.
> Ich atme aus und ich lächle.
> Ich atme ein und ich lebe.
> Ich atme aus und ich lächle dem Leben zu.

Richtige Atempraxis sorgt für innere Balance ...

In seinem Buch *Das Wunder des bewussten Atmens*[32] beschreibt er vor dem Hintergrund einer uralten buddhistischen Lehre das Atmen als Hilfsmittel für mehr Ruhe und innere Balance und um Freude in die Seele zu bringen. Denn man könne sich besser konzentrieren, «wenn der Geist von Frieden und Freude erfüllt ist, als wenn er voller Sorgen oder Kummer ist».

Dies ist eine Grundregel, die gerne vergessen wird: Sorgen, Kummer und schlechte Laune stehen uns eher im Weg, Freude und eine positive Sichtweise bringen uns voran. Zeitdruck und Stress mindern die Qualität unserer Arbeit.

Im Alltagsstress sind wir oft so sehr beschäftigt, dass wir den Blick fürs

Wesentliche verlieren. Hier kommt der Ausspruch zur Geltung: «Wenn du in Eile bist, dann setze dich und atme ein paar Mal tief ein und aus.» Auch wenn man danach nicht alles erledigen kann, was auf der To-do-Liste steht, so hat man doch schon einiges gewonnen, wenn man jetzt zumindest in der Lage ist, das Wichtigste anzugehen.

... und lenkt den Blick aufs Wesentliche

Carla, eine Krankenschwester in der Intensivpflege, berichtet nach der Teilnahme an einem Workshop, dass der Spruch ihr dabei geholfen hat, nach einer schwierigen Behandlung wieder zu sich selbst zu finden und für den nächsten Patienten bereit zu sein. Sie nutzt nun die kurzen Pausen während der Arbeit, um mithilfe einer tiefen und ruhigen Atmung bei sich selbst anzukommen.

Zen-Meditation

Eine Meditationsform, die das Atmen mit Achtsamkeit zur Kunst erhoben hat, ist die Zen-Meditation. Zen hat auch im Westen viele Anhänger gefunden, auch in Unternehmenskreisen, wo man Zen-Techniken im Management und für den Arbeitsalltag zu nutzen gelernt hat.[33]

Zen knüpft an das Bedürfnis der Menschen nach Ruhe und Konzentration an und kann dazu verhelfen, in Ruhe tätig zu sein und Tätigkeiten in Ruhe auszuführen. Das ist etwas anderes als bloße Entspannung. Entspannung kann sehr nützlich sein, doch bietet sie nicht immer das passende Instrument, um mit Stress und Druck umzugehen. Auf ruhige Art aktiv sein und aktiv ausruhen sind gute Methoden, um das Beste aus sich herauszuholen.

Bei der Zen-Meditation haben «Sitzen» und «Gehen» einen hohen Stellenwert. Während des Sitzens *(zazen)* konzentriert man sich auf die Atmung und versucht in der sich ausbreitenden Ruhe, hellwach zu sein. Eine stabile Sitzhaltung soll dazu verhelfen, in der gesteigerten Selbstwahrnehmung die Einheit von Körper und Geist zu spüren. Man entdeckt die Wärme des Stoffwechsels und empfindet die Ruhe, die davon ausgehen kann. Indem man den Rücken gerade hält, erlebt man, wie die Atmung tiefer wird. Von dieser Verankerung, dieser Erdung, diesem Eintauchen – oder wie auch immer man es nennen mag – geht eine unglaubliche Ruhe und Sicherheit aus, die ein starkes Gegenmittel bei Stress und Unruhe bildet.

Sitzen und Gehen – Grundpfeiler der Meditation

Beim Zen-Gehen *(kinhin)* schreitet man anders als gewöhnlich. Normalerweise lassen wir uns quasi von einem Schritt in den nächsten «fallen».

Dadurch laufen wir eigentlich fast immer «hinter uns selbst» her. Wenn man nicht aufpasst, wird dies zum Hinterher-Rennen! Das ist fast schon eine Metapher dafür, wie wir allem immerzu hinterherhetzen – immer auf dem Weg zum nächsten Ziel, ohne dort innezuhalten.

Beim *kinhin* nimmt man eine sichere Position auf dem Standbein ein, bevor man einen Schritt macht. Dadurch bleibt der andere Fuß ohne Belastung, sodass dieser und damit man selber in aller Ruhe und Freiheit den nächsten Schritt machen kann. Man hat dabei alle Zeit der Welt; ruhig und ausgeglichen schreitet man über die Erde. Indem man dieses Schreiten mit tiefem, ruhigem Ein- und Ausatmen begleitet, «verliert» man sich nicht beim Gehen.

Die Aufmerksamkeit auf den Augenblick richten

Beide Zen-Praktiken helfen uns dabei, im Hier und Jetzt anzukommen. Das klingt zwar ziemlich banal, aber fast immer ist die innere Unruhe, unter der wir leiden, dadurch bedingt, dass wir entweder in der Vergangenheit oder in der Zukunft (oder in beidem gleichzeitig) leben und wir damit hinter oder vor uns selbst herlaufen. Es ist äußerst anstrengend, immer wieder gedanklich oder emotional in der Vergangenheit oder Zukunft zu weilen.

Monika nahm an einem Workshop zum Thema Stress- und Vitalitätsmanagement teil. Das übliche Gespräch sechs Wochen danach eröffnet sie mit der Bemerkung: «Der Workshop hat mein Leben verändert.» Während der Atemübung hatte sie den Entschluss gefasst, gegen das lähmende Gefühl der Ausweglosigkeit vorzugehen, indem sie ihrem Chef sagen würde, dass sie so nicht weiterarbeiten könne. Nicht mit dieser Kollegin, die ganz unverhohlen einen Konkurrenzkampf gegen sie führte. Innerhalb von vier Tagen wurde diese Angelegenheit zur Zufriedenheit aller Beteiligten bereinigt. Das bewusste Atmen hatte ihr verdeutlicht, worin das scheinbar unüberwindliche Problem und worin dessen Lösung bestand.

Zen im Arbeitsalltag

Zahlreiche Unternehmen bieten heute bereits Zen-Meditationskurse an. Anne Johan Willemsen, ehemalige Marketingmanagerin bei Shell, begründet dies damit: «Meditation erhöht die Anteilnahme, das Gefühl der Verbundenheit – mit den Kollegen, dem Unternehmen, aber auch mit den Kunden, der Umwelt, den künftigen Generationen.»[34]

Zen und Arbeit in einem modernen, leistungsorientierten Arbeitsumfeld vertragen sich gut. In seinem japanischen Ursprung bringt Zen eine Schärfe und Klarheit mit, die auch unser westliches, auf Erfolg ausgerichtetes intellektuelles Bewusstsein anspricht.

Reflexion und Meditation

Klarheit durch innere Ruhe

Von Lao Tse stammt der Ausspruch: «Wenn man trübes Wasser in Ruhe lässt, wird es wieder klar.» Was so viel bedeutet wie: Man braucht innere Ruhe, um die Dinge so zu sehen, wie sie sind. Für uns dient die Reflexion als Instrument zur Verbesserung der Vitalität, indem wir immer wieder uns selbst und unsere Erlebnisse betrachten, um mit uns selbst «ins Gespräch zu kommen».

Wissenschaftliche Untersuchungen liefern Hinweise darauf, dass durch regelmäßiges Meditieren das neuronale Wachstum in bestimmten Hirnregionen angeregt wird. Für Henk Barendrecht, Professor für Mathematik und Informatik, der seit Jahren auf buddhistische Art meditiert, bedeutet dies, dass jene Regionen «aktiver sind als gewöhnlich. Wahrscheinlich hat dieses Phänomen damit zu tun, dass man im Zustand der Achtsamkeit sozusagen eine Kopie der Hirnaktivität anfertigt. Es liegt eine besonders gesteigerte Form des Bewusstseins vor: Man sieht, hört und spürt etwas und ist sich zugleich bewusst, dass man es sieht, hört, spürt oder denkt.»[35]

Diese zusätzliche Hirnaktivität, die sich selbst kopiert, ist im Grunde nichts anderes als Reflexion. Sie ist die Basis für eine Änderung in unserem Verhalten. Verschiedene Meditationsformen steigern diese Fähigkeit der Selbstwahrnehmung. Daher kann Meditation einen sehr guten Dienst erweisen, wenn man dauerhaft an sich selbst und an seiner Vitalität arbeiten will.

Atemübung

Bei Atemübungen ist es hilfreich, wenn Sie bequem auf einem Stuhl oder einem Meditationskissen sitzen. Wenn Sie auf einem Stuhl sitzen, stellen Sie beide Füße fest auf den Boden, sodass Sie die tragende und Stabilität gebende Kraft der Erde spüren.

Meditatives Atmen

Erleben Sie das wohltuende Gefühl, das diese stabile Sitzhaltung vermittelt. Sitzen Sie aufrecht, mit geradem Rücken, lehnen Sie sich nicht oder nur ganz leicht an. Strecken Sie den Hals, sodass das Kinn ein wenig in Richtung Brust zeigt. Legen Sie die Arme und Hände in entspannter Haltung auf die Knie oder in den Schoß. Achten Sie auch darauf, dass die Schultern locker und entspannt und nicht hochgezogen sind oder nach vorne hängen.

Werden Sie sich nun Ihrer Atmung bewusst. Wohin atmen Sie gerade? In den Brustkorb oder in den Bauch? Weiter oben oder weiter unten? Atmen Sie ein paar Mal tief ein und aus. Achten Sie darauf, wie sehr dieses tiefe Ein- und Ausatmen entspannt.

Atmen Sie ruhig weiter, während Sie jetzt ein kleines Lächeln herbeizaubern, äußerlich oder auch nur innerlich. Wie wirkt sich das auf Ihre Atmung aus? Sie können das Lächeln intensivieren, wenn Sie an etwas Schönes denken.

Denken Sie nach ein paar weiteren Atemzügen an etwas Unangenehmes oder Lästiges. Das kann etwas Großes oder etwas Kleines sein, denn sowohl kleine als auch große Dinge können stören. Achten Sie darauf, wie Ihre Atmung jetzt reagiert. Die meisten spüren einen unerwartet heftigen Unterschied zwischen der weiten, Raum schaffenden Atmung während eines Lächelns und dem eingrenzenden, beengenden Panzer ihrer Brust, während sie an etwas Unangenehmes denken.

Kehren Sie nach ein paar Atemzügen wieder zu dem angenehmen, schönen Gedanken zurück und atmen Sie jetzt ein paar Minuten lang so weiter. Es hilft Ihnen, sich besser darauf zu konzentrieren, wenn Sie Ihre Atemzüge zählen, immer wieder von eins bis zehn.

Beschließen Sie nach ein paar Minuten die Atemübung mit einem Lächeln und dem Spruch von Thích-Nhât-Hanh:

Ich atme ein und komme zur Ruhe.
Ich atme aus und ich lächle.
Ich atme ein und ich lebe.
Ich atme aus und ich lächle dem Leben zu.

Dieser einfache Spruch kann innere Stabilität verleihen. Auch hilft er dabei, dem Leben mit einem Lächeln zu begegnen. Natürlich verschwinden die Probleme dadurch nicht, doch sind sie oft leichter zu lösen, wenn man mit einer positiven Grundhaltung an sie herangeht statt mit einer negativen oder pessimistischen Einstellung.

Die Kraft dieses einfachen Spruchs liegt darin, dass man ihn immer in Gedanken mit sich tragen und in allerlei Situationen darauf zurückgreifen kann: wenn man unerwartet etwas Zeit übrig hat, wenn man sich auf etwas Schwieriges vorbereitet oder wenn man sich gerade in einer schwierigen Situation befindet.

Lachen

Lachen ist eine spezielle Form des Atmens, genau wie Gähnen, Niesen oder Schreien. Doch es ist mehr als das. Lachen bedeutet, wieder einmal kräftig durchzuatmen. Durch die intensive Sauerstoffaufnahme wirkt Lachen sehr erfrischend, was jeder bestätigen kann, der sich an ein schallendes Gelächter erinnert. Laut lachen bedeutet nicht nur kräftiges Durchatmen, sondern auch Entspannung und Massage der inneren Organe. Herzhaftes Lachen wärmt von innen, der Stoffwechsel wird angeregt, und man ist wieder in der Lage, die Dinge mit etwas Abstand zu betrachten. Die soziale Wirkung des Lachens ist überwältigend. «Lachen ist die kürzeste Verbindung zwischen zwei Menschen», wusste Charlie Chaplin.

Lachen als Therapie ...

Kinder lachen bis zu 400-mal am Tag, wir ernsthaften Erwachsenen tun das nur noch zehn- bis fünfzehnmal täglich. Das ist mehr als schade. Man benötigt nur 15 Gesichtsmuskeln zum Lachen, während man fast 40 Muskeln benötigt, um die Stirn zu runzeln. Lachen spart also viel Energie, mehr noch: Es erzeugt neue Energie.

... und Energiespender

Lachen ist gesund: Wenn man tüchtig lacht, sinkt der Blutdruck und die Bauchorgane und Muskeln werden «massiert». Außerdem werden Endorphine freigesetzt. Diese Hormone können Glücksgefühle auslösen, haben schmerzstillende Eigenschaften und verringern die Ausschüttung der Stresshormone Adrenalin und Cortisol.

Eine Lachsession von etwa zwanzig Minuten bringt ebenso viel Vitalität und Wohlgefühl wie eine Aerobic- oder Joggingsession, und das ohne Anstrengung! Lee Berk von der University of California hat herausgefunden, dass bereits die Vorfreude auf eine Komödie, darauf, einen Abend lang zu lachen und zu entspannen, eine Wirkung zeigt: Sie reduziert die Menge der Stresshormone und erhöht die der Antistresshormone sowie der Endorphine und Wachstumshormone. Es wurde wissenschaftlich nachgewiesen, «dass Optimismus und die Erwartung eines schönen Ereignisses oft zur Genesung eines Patienten beitragen».[36] Wobei der Erwartung natürlich auch die Tat folgen sollte.

Kann man Lachen erzwingen? Ja, man kann einfach loslegen. Der Arzt Dhyan Sutorius[37] schafft es mit seiner Lachmeditation, während ernsthafter Kongresse den ganzen Saal zum Lachen zu bringen. Es geht ihm nicht einfach nur darum, leises, lautes oder schallendes Lachen auszulösen. Für ihn ist Lachen eine Art intensives «inneres Joggen» *(internal jogging)*, das von der Stille abgelöst wird.

Lachen ist «inneres Joggen»

«Lachmeditation»

Damit wird das Lachen zu einer echten Meditation, in der Aktivität und Konzentration miteinander in Einklang gebracht werden. Die Wirkung ist sowohl körperlich wie auch mental äußerst entspannend und wohltuend. Es ist eine Form der Aktivität, die dabei hilft, eine Situation oder ein Problem in Augenschein zu nehmen und zunächst als gegeben zu akzeptieren. Das ist meist die Voraussetzung dafür, eine Lösung in Angriff zu nehmen oder ein nur scheinbares Problem zu enttarnen.

Auch ohne Lachmeditation kann sich jeder vornehmen, dem Leben, den Mitmenschen und nicht zu vergessen sich selbst mit einem Lächeln zu begegnen. Es gibt genügend Augenblicke, in denen ein freundliches Lächeln angebracht ist. Am Arbeitsplatz gibt es genug zu lachen, auch ohne auf Kosten anderer Witze reißen zu müssen.

Echtes und falsches Lächeln

Übrigens ist diese Art des Lachens etwas ganz anderes als das sogenannte «Perma-Lächeln», das aufgesetzte Lächeln, das vor allem Frauen in bestimmten Berufen immerzu zeigen müssen (wie zum Beispiel Stewardessen). Dieses gekünstelte Lächeln auf Knopfdruck, bei dem natürlich keine Gefühle spürbar sind, kann sogar zu RSI-Syndrom-ähnlichen Fehlbelastungsleiden führen, wie der Psychiater Makoto Natsume von der Universität von Osaka festgestellt hat.[38]

Tipp

Atmen Sie zwei- bis dreimal täglich während der Arbeit tief ein und aus, beispielsweise bevor Sie die nächste Aufgabe in Angriff nehmen oder wenn Sie von einem Zimmer in ein anderes gehen. Einmal tief durchatmen hilft auch dabei, sich auf ein Gespräch oder eine Konferenz vorzubereiten. Wenn möglich, machen Sie kurz das Fenster auf und atmen Sie die frische Luft ein. Die erfrischende Wirkung werden Sie sofort spüren.

VIII. Sex macht vital

Sex hat auffallend viele positive Gesundheitsaspekte. Die Behauptung, dass ein erfülltes Sexualleben einen großen Beitrag zur körperlichen und psychischen Gesundheit und zur Vitalität liefert, ist nicht übertrieben.

Reden wir über Sex …

Merkwürdigerweise ist das Thema Sex noch immer negativ belastet. Die seit Jahrtausenden bestehende Tradition aus Vorurteilen und Ängsten hat ohne Zweifel dazu beigetragen, dass Sexualität heute in einem fragwürdigen Licht erscheint und in eine Tabuzone verbannt wurde. Dieses Negativimage hat den Charakter einer sich selbst erfüllenden Prophezeiung, und das Unvermögen, offen über Sex zu reden, oder gar die Scheu, überhaupt daran zu denken, tragen ohne Zweifel zum üppigen Florieren der «Sexindustrie» bei.

In der Medizin hat man das Thema Sexualität vor allem auf Geschlechtskrankheiten reduziert. Insgesamt schenkt man dem Sex als Vitalitätsquelle auch hier zu wenig Beachtung. Und in den meisten Veröffentlichungen und Workshops über Vitalität wird er ignoriert. Offenbar scheuen sich viele immer noch, offen darüber zu reden.

Dennoch darf Sex bei einer ganzheitlichen Betrachtung der Vitalität nicht ausgeklammert werden. Sex ist immerhin ein wichtiger Bestandteil unseres Lebens. Wenn es uns gelingt, einen unverkrampften Umgang mit dem Thema Sexualität zu pflegen, wird dies zweifellos unserer Vitalität zugute kommen. Und das wirkt sich auch bei der Arbeit aus.

Sex macht gesund

Sex – ein Universalheilmittel?

Es ist erstaunlich, wie viele wissenschaftliche Studien zur Wirkung von Sexualität auf die Gesundheit durchgeführt wurden. Ein *White Paper* der amerikanischen Planned Parenthood Federation von 2003[39] führt eine ganze Reihe positiver Wirkungen für die Gesundheit auf, die ein gesundes Sexualleben haben kann, bei Männern und Frauen, mit oder ohne festen Partner. Diese nachgewiesenen oder vermuteten Effekte umfassen alle Ebenen unseres Daseins: die physische, die mentale, die emotionale und die soziale. Auch Selbstbefriedigung hat eine positive Wirkung auf die Gesundheit.

Hier einige Beispiele für die gesundheitsfördernde Wirkung von Sex:

Herz- und Gefäßkrankheiten, Lebenserwartung

Gesundheitsfördernde Wirkungen

Mindestens zweimal in der Woche sexueller Kontakt steht in deutlichem Zusammenhang mit einer geringeren Häufigkeit von koronaren Herzkrankheiten bei beiden Geschlechtern. Vor allem aber bei Männern reduziert sich dadurch die Gefahr eines tödlichen Herzinfarkts erheblich. Auch darüber hinaus scheint ein relativer Zusammenhang zwischen der Häufigkeit sexueller Aktivität und der Lebenserwartung bei Männern zu bestehen.

Die Deutsche Herzstiftung weist zwar Menschen mit einem Herzfehler darauf hin, dass die körperliche Belastung des Herz-Kreislauf-Systems beim Sex der eines schnellen Spaziergangs bis hin zum Treppensteigen entsprechen kann.[40] Doch über die grundsätzlich positive Wirkung dieser Tatsache wird geschwiegen. Warum eigentlich?

Stress, schlechter Schlaf und Schmerzen

Die Entspannung, die Sex bewirkt, reduziert Stress und verbessert die Schlafqualität. Auch das wird man kaum in Empfehlungen zur Burn-out-Prävention finden.

Sex kann Schmerzen reduzieren. Er lenkt vom Schmerz ab und setzt auf jeden Fall bei Frauen Endorphine frei, die schmerzlindernd wirken. Untersuchungen haben gezeigt, dass Frauen auf diese Weise einen sich anbahnenden Migräneanfall im Keim ersticken können. Ist Sex also auch eine Alternative zu Schmerzmitteln?

Erkrankungen der Geschlechtsorgane

Häufiger Samenerguss (mindestens drei- bis viermal pro Woche) geht ab dem vierzigsten Lebensjahr mit einer deutlich geringeren Häufigkeit von Prostatakrebs einher. Das ergaben australische und amerikanische Studien mit mindestens 52 000 Männern.

Sexuelle Aktivität und Orgasmen haben bei Frauen wahrscheinlich eine schützende Wirkung gegen Endometriose – eine Erkrankung, bei der sich Gebärmutterschleimhaut außerhalb der Gebärmutterhöhle im Bauchraum bildet, was mit heftigen Schmerzen während der Menstruation verbunden ist. Möglicherweise lässt sich der positive Effekt durch die Kontraktionen bei sexueller Aktivität erklären.

Depressive Verstimmungen

Sex reduziert depressive Verstimmungen. Ein gesundes Sexualleben trägt auch zu einem positiven Selbstbild und einer guten Beziehung bei; es wirkt sich allgemein positiv auf die Lebensqualität aus.

Jugendliches Aussehen

Frauen, die regelmäßig Sex haben und mit ihrem Sexualleben zufrieden sind, sehen deutlich jünger aus als andere Frauen ihrer Altersstufe. Das ist ein Zeichen von Vitalität.

Immunsystem

Regelmäßige sexuelle Aktivität stärkt das Immunsystem. Aus einer Studie unter Studenten ging hervor, dass das Immunglobulin A, ein Antikörper, in höherer Konzentration vorhanden war, wenn die Probanden mindestens einmal wöchentlich Geschlechtsverkehr hatten.

Sexualforscher Wout Gianotten stellt fest: «Sex spült sozusagen den ganzen Körper durch. Das wirkt sich positiv auf den Blutdruck und die Atmung aus. Außerdem vollziehen sich günstige Hormonveränderungen während der sexuellen Aktivität. Sex führt außerdem zu einem geringeren Muskeltonus.»[41]

Das Fazit des Artikels, aus dem hier zitiert wird, lautet, dass die Medizin die Risiken von Sex einseitig betrachtet und den positiven Effekten, auf die viele Untersuchungen hindeuten, zu wenig Aufmerksamkeit schenkt. Obwohl ein ursächlicher Zusammenhang nicht endgültig bewiesen werden kann – denn es kann zum Beispiel sein, dass gerade gesunde Menschen mit einer höheren Lebenserwartung besonders häufig Sex haben –, ist eine gesundheitsfördernde Wirkung von Sex doch sehr wahrscheinlich. Noch einmal sei Wout Gianotten zitiert: «Wir sind gut unterrichtet über die Risiken von Sex; die positiven Effekte fangen wir gerade erst an zu begreifen.»

Übrigens müssen Krankheiten oder Behinderungen dem Sex nicht im Wege stehen – entsprechend der Aussage eines amerikanischen Sexologen: «Auch wenn man sich von seinem Fahrrad verabschiedet, kann man trotzdem noch Sex haben.»[42]

Sex und Partnerschaft

Eine Schwierigkeit besteht natürlich darin, dass ein gesundes und erfülltes Sexualleben durch eine problematische oder nicht vorhandene Beziehung eingeschränkt werden kann. Und sogar in mancher guten Beziehung ist es nicht immer einfach, offen, ruhig und respektvoll über Sex zu reden. Eine 2007 in den Niederlanden durchgeführte Untersuchung schlussfolgert, dass mindestens zwei Millionen Menschen (bei einer Gesamteinwohnerzahl von ca. 16,6 Millionen) Beratungsbedarf auf sexuellem Gebiet haben und dass etwa die Hälfte davon tatsächlich Kontakt zu entsprechenden Beratungsstellen hat.[43]

Sexualleben bei Beziehungsproblemen

Umgekehrt kann Sex kleine Zwistigkeiten in einer Beziehung ganz gut überbrücken. Untersuchungen haben gezeigt, dass Beziehungen, in denen einer der Partner emotional labil ist, besser funktionieren, solange es ein befriedigendes Sexualleben gibt.

Sex hat sehr viel mit Intimität und Sicherheit und mit Respekt vor den Wünschen und Grenzen des anderen zu tun. Dies muss berücksichtigt werden, um eine für beide Partner angenehme und akzeptable Situation zu schaffen. Die biologischen und sozialen Unterschiede in den Bedürfnissen von Männern und Frauen können dabei oft ein Hindernis darstellen.

Sex ist kein Allheilmittel gegen Beziehungsprobleme. Man kann jedoch davon ausgehen, dass es einer Beziehung gut tut, wenn man sich für intime Stunden genügend Zeit nimmt und es nicht zulässt, dass die Hektik des Alltags auch im Hinblick auf das Sexualleben ihren Tribut fordert.

Unterschiedliche Bedürfnisse berücksichtigen

Daneben ist es wichtig, für eine intime Begegnung körperlich und mental fit und ausgeruht zu sein und die richtigen Voraussetzungen dafür zu schaffen. Während Männer meistens sehr schnell erregt sind und rasch Lust auf Geschlechtsverkehr bekommen, brauchen Frauen viel Körperkontakt und Intimität, um in Stimmung zu kommen. Das erfordert Zeit und Aufmerksamkeit. Wenn der männliche Partner dies nicht berücksichtigt, entsteht bald Frustration.

Es kann wichtig sein, über diese Unterschiede zu sprechen und nicht einfach stillschweigend davon auszugehen, dass das sexuelle Verlangen übereinstimmt. Manchmal – und bei der Frau ist das öfter der Fall als beim Mann – will die Stimmung erst *erzeugt* werden, bevor sich die Lust auf Sex einstellt. Das bedeutet: sich zum Sex einladen, explizit oder indirekt, und sich in Erregung versetzen.

Sexuelle Bedürfnisse verändern sich

Sex wird im Laufe des Lebens seine Bedeutung verändern. In einer jungen Beziehung wird der Schwerpunkt möglicherweise auf der Lust liegen, in einer länger andauernden Partnerschaft wird eher die Intimität eine größere Rolle spielen. Intimität und Geschlechtsverkehr bewirken die Ausschüttung des schon erwähnten Hormons Oxytocin. Dieses wird (im Gegensatz zum Stresshormon Adrenalin) auch als Glückshormon bezeichnet. Es verstärkt die *Bindung* zwischen den Partnern, und dies kann jeder Beziehung nur gut tun.

IX. Stress wohin man blickt

In einem Buch über Vitalität und Arbeit darf das Thema Stress natürlich nicht fehlen. Vielleicht hat so mancher Leser dieses Kapitel sogar am Anfang unseres Buches erwartet. Denn Stress ist allgegenwärtig. Das Phänomen ist in all seinen Nuancen bekannt, doch dies reicht nicht aus, um es zu beseitigen. Entscheidend ist, wie es um unsere *Selbsterkenntnis* und unser *Selbstmanagement* in Bezug auf Stress bestellt ist.

In diesem Kapitel möchte ich neben einer zusammenfassenden Betrachtung auch neue Gesichtspunkte zum Thema Stress liefern, ein paar Übungen an die Hand geben, um eine bessere Selbsterkenntnis zu ermöglichen, und ein paar konkrete Hinweise geben, wie wir mit Stress bei der Arbeit und im Privatleben umgehen können.

In einem weiteren Kapitel werden wir näher auf das Thema *Informationsstress* eingehen – eine wirkliche Plage, die seit einigen Jahren viele Menschen zunehmend von der Arbeit abhält.

Was ist denn bloß los mit uns …

- dass wir unserer Gesellschaft infolge von Stress immense Kosten aufbürden? Nach einer Untersuchung des Bundesverbands der Betriebskrankenkassen entsteht der deutschen Wirtschaft jährlich ein Schaden von 6,3 Milliarden Euro durch Stress und andere psychische Belastungen am Arbeitsplatz.[44]
- dass nur ein kleines (und armes) Land wie Bhutan es schafft, über das «Bruttosozialglück» nachzudenken, während fast alle anderen Länder weiterhin im Laufrad des ökonomischen Wachstums gefangen sind? Und das, obwohl die jüngste Wirtschaftskrise deutlich gezeigt hat, dass die Jagd nach materiellem Reichtum nur in einen Abgrund führen kann.
- dass wir es so weit gebracht haben, den Stress auch in unser Privatleben einzulassen? So manches Wochenende ist verplant mit einer Vielzahl an Terminen, die von den Betroffenen eigentlich nicht unbedingt gewollt sind. Darin zeigt sich, dass bei der gestörten Balance zwischen Arbeit und Privatleben nicht nur die Arbeit das Problem ist: Oft gelingt es uns genauso wenig, das Privatleben gut zu organisieren.

- dass wir trotz eines Überflusses an Informationen oft das Gefühl haben, zu wenig mitzubekommen, und immer wieder ein Mangel an Kommunikation beklagt wird?
- dass wir Veränderung und Sensation zur Norm erhoben haben, während die Stabilität, die uns Ruhe und Reife bringt, oft als langweilig betrachtet wird?
- dass der Straßenverkehr nicht nur zu «Verkehrsinfarkten» führt, sondern auch Anlass gibt zu Ärger und Aggressionen?
- dass auch die Jugend zunehmend im Stress ist? Bei einer Befragung gaben 72 Prozent aller Kinder im Alter zwischen acht und zehn Jahren an, einmal oder mehrmals pro Woche unter Erschöpfungszuständen zu leiden. Vor allem das zunehmende Konkurrenzdenken und der Leistungsvergleich in der Schule werden für viele Jugendliche zum Stressfaktor.[45]

Stress kostet Unternehmen viel Zeit und Geld

Gestresste Arbeitnehmer kosten Geld – man denke nur an die durch Unfälle, Missverständnisse, Krankheiten oder Unzulänglichkeit verursachten Schäden. Aber auch gestresste Patienten sind teurer. Eine Untersuchung hat ergeben, dass stressfreie Patienten weniger postoperative Beschwerden haben und sich schneller von einer Operation erholen.

Stress ist Gift für Kreativität und Leistungsfähigkeit

Als Stress definiert der Psychologe Wolfgang Kallus von der Universität Graz «einen Zustand, in dem der Gesamtorganismus aus dem Gleichgewicht gerät». Dies «senkt die biopsychologische Fitness» und damit die Regenerationsfähigkeit des Organismus. Seine Empfehlung lautet, auch den Erholungszustand des Patienten vor einem geplanten Eingriff zu prüfen. Dies würde nicht nur zum Wohle des Patienten geschehen, sondern auch einen Kostenvorteil für die medizinische Einrichtung bedeuten, da die Patienten die Intensivstation in der Regel früher verlassen könnten.[46] Es sollte also nicht nur heißen: «Patient ist nüchtern, bereit für die OP», sondern auch: «Patient ist entspannt, bereit für die OP.»

Vergleichbares gilt auch für die meisten Berufe. Ob nun Sicherheit oder Kommunikation eine Hauptrolle spielt oder Kreativität gefragt ist: Zu viel Stress wird wohl oder übel zum Verlust der Effektivität führen.

Was raubt uns Energie? – Was gibt uns Energie?

Fast immer kommt man bei der Frage: «Was raubt uns Energie?» Stressfaktoren, Missverständnissen und Ärgernissen auf die Spur. Diese kosten nämlich unverhältnismäßig viel Energie. Auch wenn nicht alle Probleme lösbar sind, sollte es wenigstens möglich sein, bei einem Großteil davon Verbesserungen zu erreichen und Zielvereinbarungen zu treffen.

Kraftnahrung für die Seele

Umgekehrt können Antworten auf die Frage: «Was gibt uns Energie?» Anlass dafür sein, die darin genannten Punkte ernst zu nehmen. Oft sind es ganz einfache Dinge, die uns Energie verleihen und auf die man mühelos öfter zurückgreifen könnte – kurze Spaziergänge, heitere Pausengespräche, ein Telefonat mit einem guten Freund oder einer guten Freundin, ein Tee oder ein Cappuccino in einem netten Lokal oder auf einer sonnigen Terrasse ...

Es lohnt sich, diese Fragen einmal im Kollegenkreis oder in einer Mitarbeiterbesprechung zu bewegen. Die Behandlung dieses Themas muss nicht mehr Zeit als zweimal eine Stunde in Anspruch nehmen. Es liegt beispielsweise in der Verantwortung eines Teamleiters, eine solche Besprechung gut vorzubereiten und für einen Rahmen zu sorgen, in dem sich die Beteiligten frei aussprechen können, ohne angegriffen zu werden.

Warum haben wir eigentlich Stress?

Kämpfen oder fliehen: Warum unser Körper mit Stress reagiert

Wer sich mit dem Thema Stress und Stressreaktionen auseinandersetzen möchte, sollte einen Blick ins Tierreich werfen. Tiere überleben dank ihrer Fähigkeit, auf akute Gefahren angemessen zu reagieren. Jede Form von Bedrohung bedeutet Stress, und adäquate Stressreaktionen sind überlebensnotwendig, um die eigene Haut zu retten. Zusammen mit der Angst, die Kontrolle über etwas zu verlieren, bildet das Gefühl des Bedrohtseins den Ausgangspunkt von Stress.

Äußere Stress auslösende Faktoren werden *Stressoren* genannt. Mensch und Tier reagieren darauf mit Anspannung. Die tierische Reaktion wurde bereits vor mehr als einem Jahrhundert charakterisiert durch die Begriffe *fight or flight (Kampf oder Flucht)*, später erweitert zu *fight, flight or fright (Kampf, Flucht oder Angst)*.

Diese Begriffe bezeichnen drei grundlegende Reaktionen, die täglich auch im Arbeitsumfeld beobachtet werden können: kämpfen oder fliehen und – vor allem wenn die Bedrohung ständiger Natur ist – vor Angst wie gelähmt sein. Normalerweise haben wir Skrupel, etwa bei der Arbeit jemanden körperlich anzugreifen oder vor einer unangenehmen Besprechung davonzulaufen. Variationen dieses Verhaltens legen wir jedoch durchaus an den Tag: Ignorieren, in die andere Richtung schauen oder Konflikten ausweichen als Ausdruck von Fluchtverhalten; forsches Auftreten und angeben, laut sprechen, drohen, einschüchtern usw. als Ausdruck des Kämpfens. *Freezing*, vor Angst wie erstarrt sein, tritt oft bei ständiger Bedrohung auf und zeigt sich auch in Form von Tatsachenverleugnung.

Stressverhalten

Natürlich ist Stress auch eine individuelle Angelegenheit: Was für den einen bedrohlich ist, erscheint einem anderen (zu Recht oder zu Unrecht) als unerheblich. Bei anhaltendem Stress kommt es irgendwann zu körperlichen und psychischen Folgen, *strains* genannt, die meist mit Beschwerden einhergehen.

Dass diese Beschwerden oft nicht als Folge von Stress erkannt werden, ist ein wichtiger Aspekt der Problematik: Vor allem die Tendenz, körperliche Beschwerden auf organische Erkrankungen zurückzuführen, steht einer Behandlung der Ursachen oft im Weg. Man nennt dies *Somatisierung*. Bei Rückenschmerzen wird dann ein neues Bett besorgt oder Krankengymnastik oder Massagen werden verschrieben, anstatt am Arbeitsplatz oder im häuslichen Umfeld nach der Ursache zu suchen.

Stressbedingte Erkrankungen

Übrigens widersprechen viele Menschen, wenn ihre körperlichen Beschwerden als stressbedingt diagnostiziert werden. Dieser Befund kann nämlich auch eine Bedrohung darstellen, denn er bedeutet, dass man aufgefordert ist, die Ursache zu erkennen und zu bekämpfen.

Daily hassles

Während Tiere in der Natur oft mit lebensgefährlichen Situationen konfrontiert werden, sind wir Menschen überwiegend einer subtileren Bedrohung ausgesetzt, die aus einer permanenten Flut nicht lebensbedrohlicher Ereignisse besteht, den täglichen kleinen Unannehmlichkeiten und Störungen. Diese *daily hassles* führen dazu, dass unsere Ruhe und Sicherheit allmählich verschwinden.

Stressfaktoren unterhalb der Wahrnehmungsgrenze

Straßenlärm ist ein Beispiel hierfür. Menschen, die ihm täglich ausgesetzt sind, nehmen ihn irgendwann nicht mehr bewusst wahr, auch wenn er unbewusst sehr wohl registriert wird. Erst wenn Ruhe einkehrt, bemerkt man, wie laut es war. Dieses unbewusste Wahrnehmen bedeutet eine Belastung für den Organismus, die oft erst später erkannt wird.

Aber selbst dann, wenn es draußen ruhig ist, herrscht in unseren Köpfen oft keine Ruhe. Im Buddhismus nennt man dies den «wilden Affen», der immer wieder in uns hin und her hüpft. Auch das gehört zu den *daily hassles*.

Übung

- Welche *daily hassles* setzen Ihnen am meisten zu?
- Wie gehen Sie damit um?
- Was können Sie tun, um diese zu reduzieren?
- Welche *daily hassles* sind arbeitsbezogen? Was können Sie daran ändern?

Life events

Stressbelastung bei wichtigen Ereignissen

Neben den *daily hassles* gibt es die *life events*: Große, bedeutungsvolle Ereignisse im Leben wie zum Beispiel Gewalt, Krankheit, eine Scheidung oder der Tod eines geliebten Menschen. Auch arbeitsbezogene Erlebnisse wie zum Beispiel eine Kündigung, eine Fusion oder Umstrukturierung des Unternehmens, ein neuer Chef mit einem anderen Führungsstil oder der Arbeitsplatzwechsel nach einem Umzug gehören dazu. Man braucht Zeit und Besinnung, um Ereignisse wie diese zu verarbeiten und im eigenen Leben zu verankern.

Life events verändern unser Leben und können uns den Boden unter den Füßen wegziehen, auch wenn wir uns die jeweilige Situation vielleicht selbst ausgesucht haben, wie zum Beispiel bei einem Umzug. Unsere innere Standfestigkeit können wir nur dadurch zurückgewinnen, dass wir uns der Situation stellen und uns damit auseinandersetzen. Vielen Menschen wird oft erst dabei klar, was in ihrem Leben wirklich zählt.

Vor allem in Lebensphasen, in denen mehrere *life events* zusammenfallen, sollte man deren Einfluss nicht unterschätzen und ihren Nachwirkungen entsprechend Zeit einräumen. Dies gilt vor allem für Ereignisse, die als negativ empfunden werden, aber auch für alle positiven Einschnitte im Leben.

In der folgenden Liste sind auch «kleinere» Ereignisse berücksichtigt wie zum Beispiel ein Strafzettel, Urlaub oder Weihnachten.

Die Top 43 der *life events*

Thomas Holmes und Richard Rahe haben bereits 1967[47] die sogenannte *Stress Scale* aufgestellt: Eine Ziffer zwischen eins und hundert gibt an, wie groß der relative Einfluss folgender *life events* ist.

	Ereignis	*Stresswert*
1.	Tod des Partners	100
2.	Scheidung	73
3.	Trennung vom Ehepartner	65
4.	Gefängnisaufenthalt	63
5.	Tod eines nahen Angehörigen	63
6.	Eigene Verletzung oder Krankheit	53
7.	Heirat	50
8.	Verlust des Arbeitsplatzes	47
9.	Aussöhnung mit dem Ehepartner	45
10.	Renteneintritt	45
11.	Erkrankung eines nahen Angehörigen	44
12.	Schwangerschaft	40
13.	Sexuelle Probleme	39
14.	Familienzuwachs	39
15.	Arbeitsplatzwechsel	39
16.	Veränderte Einkommenssituation	38
17.	Tod eines engen Freundes	37
18.	Berufswechsel	36
19.	Zunehmende Auseinandersetzungen mit dem Ehepartner	35
20.	Hoher Schuldenstand	32
21.	Kündigung eines Darlehens	30
22.	Veränderung der Zuständigkeiten am Arbeitsplatz	29
23.	Kinder verlassen Elternhaus	29
24.	Ärger mit Schwiegereltern	29
25.	Herausragender persönlicher Erfolg	28
26.	Ehepartner beginnt oder beendet Berufstätigkeit	26
27.	Schulbeginn oder Ende der Ausbildung	26
28.	Änderung der Lebensumstände	25
29.	Änderung persönlicher Gewohnheiten	24
30.	Ärger mit dem Vorgesetzten	23
31.	Veränderung der Arbeitszeit oder der Arbeitsbedingungen	20
32.	Umzug	20
33.	Wechsel der Schule oder des Ausbildungsplatzes	20
34.	Veränderung bei den Freizeitaktivitäten	19
35.	Veränderung bei ehrenamtlichen Aktivitäten	19
36.	Veränderung bei sozialen Aktivitäten	18
37.	Aufnahme eines kleineren Kredits	17
38.	Veränderung der Schlafgewohnheiten	16
39.	Veränderung in der Häufigkeit familiärer Kontakte	15
40.	Veränderung der Essgewohnheiten	15
41.	Urlaubsreise	13
42.	Weihnachten	12
43.	Geringfügige Gesetzesübertretungen	11

Persönlichen Stresswert ermitteln

Diese Ereignisse stehen in Beziehung zu Stress und zu Gesundheitsproblemen infolge von Stress. Wenn Sie Ihre Stressbelastung durch *life events* herausfinden wollen, addieren Sie einfach den Stresswert jener Ereignisse, die Ihnen innerhalb eines Jahres widerfahren sind. Die Verfasser dieses Tests kommen zu folgender Beurteilung des Ergebnisses:

- Ab 300 Punkten haben Sie ein deutlich erhöhtes Krankheitsrisiko durch Stress.
- Bei 150 bis 299 Punkten besteht ein reduziertes Risiko zu erkranken (30 Prozent unterhalb des Höchstrisikos).
- Bei weniger als 150 Punkten liegt ein geringes Erkrankungsrisiko vor.

Ergänzende Bemerkungen:

- Auch Positives findet sich in dieser Liste einschneidender Ereignisse. Obwohl deren Wirkung natürlich durchweg angenehmer ist als die der negativen Ereignisse, sollte ihr Einfluss nicht unterschätzt werden. Auch positive Veränderungen bringen die Notwendigkeit mit sich, das Leben neu zu ordnen, und das kostet Zeit und Energie.
- Die Zahlen sind Durchschnittswerte, und die Bewertung der Ereignisse kann also individuell abweichen. Eine Scheidung ist nicht vergleichbar mit der anderen, und das gilt auch für Konflikte bei der Arbeit. Jeder geht eben auf seine Weise mit einer Situation um.
- Vieles, zum Beispiel der Verlust eines Kindes, kommt nicht auf der Liste vor, obwohl es natürlich von enormer Wirkung sein kann.
- Die gesellschaftliche Akzeptanz und Beurteilung vieler Ereignisse wie Scheidung, ungewollte Schwangerschaft oder Jobverlust hat sich in den vergangenen Jahrzehnten grundlegend verändert und damit auch deren Einfluss auf unser Leben. Vieles, was früher als Schande galt und wofür man sich schämte – wie etwa eine Scheidung oder Kündigung –, ist heute fast schon zur Normalität geworden, und bei vielen Menschen hat die Fähigkeit zugenommen, offen über Rückschläge und Kummer zu sprechen.
- Außerdem werden auch kulturelle Unterschiede zu einer anderen Bewertung führen: Beispielsweise variiert der Stellenwert von Arbeit und Familie in verschiedenen sozialen oder kulturellen Milieus.
- Nach wie vor gilt aber, dass man *life events* ernst nehmen und ihre Wirkung nicht unterschätzen sollte. Nehmen Sie sich die nötige Zeit, um sie zu verarbeiten und ihnen einen Platz in Ihrem Leben zu geben.

Übung

- Welche *life events* haben in den vergangenen ein bis drei Jahren in Ihrem Leben eine Rolle gespielt?
- Welche *life events* haben Sie bereits öfter, vielleicht in Ihrer Kindheit und Jugend, erlebt?
- Wie gehen Sie mit einschneidenden Ereignissen um?
- Sind Sie mit Ihrer persönlichen Art der Bewältigung zufrieden?
- Welche *life events* haben Sie bei der Arbeit erlebt?

Melanie war total erschöpft. Sie hatte das Gefühl, sich mit großer Geschwindigkeit auf ein Burn-out zuzubewegen. Die Arbeit wuchs ihr über den Kopf. Es gelang ihr nicht, die Berge an Aufträgen abzuarbeiten. Und auch neun Monate nach ihrem Umzug herrschte noch Unordnung. Überall standen die vielen unausgepackten Kartons herum. Sie hatte überhaupt keine Zeit mehr für sich selber. Nachts erwachte sie oft voller Panik.

Bei einer Analyse ihrer Situation betrachteten wir die Kartons in ihrer Wohnung und die Stapel unerledigter Arbeit im Büro als Symptome ihrer Überlastung. Der Umzug hatte wesentlich mehr Einfluss auf ihr Leben, als sie gedacht hatte und als sie zugeben wollte, und am Arbeitsplatz hat sie sich nicht getraut, die Überbelastung sich selbst und ihrem Arbeitgeber einzugestehen.

Sie fasste zwei Entschlüsse: Einerseits arbeitete sie einen Plan aus, mit dessen Hilfe sie und ihr Mann die Wohnung innerhalb von drei Monaten aufräumen konnten, sodass sie den Umzug ein Jahr nach ihrem Einzug abschließen konnten. Außerdem nahm sie sich vor, ihrer Vorgesetzten zu erklären, dass die Arbeitsbelastung zu groß für sie sei.

Die Wirkung des Umzugs als *life event* war physisch und emotional größer als erwartet, was einen bedeutenden Einfluss sowohl auf das Privatleben als auch auf die Arbeitssituation hatte.

Wirkung von Dauerstress

Die permanente Anwesenheit von kleineren oder größeren Spannungszuständen verursacht auf Dauer einen immerwährenden Alarmzustand *(arousal)*. Und das bedeutet Stress. Ein Mensch kann zwar viel ertragen. Nach einer kurzen, stressigen Phase erholen wir uns oft überraschend schnell. Eine andauernde Alarmbereitschaft hat dagegen eine auslaugende Wirkung auf Körper und Psyche. Unsere körperliche Verfassung beginnt darunter zu leiden

– zum Beispiel wird das Immunsystem schwächer –, ebenso unsere geistige Leistungsfähigkeit und unser Sozialverhalten.

Coping – die Kunst, Stress abzufangen

Strategien zur Stressbewältigung

Es ist unumgänglich: Unser heutiger Lebensstil verlangt von uns, mit Stress umgehen zu können, sowohl mit den *daily hassles* als auch mit den *life events*. Diese Fähigkeit wird *coping* genannt. Dabei stehen uns sehr verschiedene mehr oder weniger erfolgreiche Coping-Strategien zur Verfügung. Ineffektive Strategien sind zum Beispiel Ignorieren, Nachgeben aus Angst vor einem Konflikt, sich schnell bedroht Fühlen oder sich an anderen Personen Abreagieren. Diese Lösungen haben zwar kurzfristig gesehen eine stressmindernde Wirkung, doch auf lange Sicht lösen sie weder das Problem noch beseitigen sie den Stress.

Bei den effektiven Coping-Strategien kann man die Situation entweder rational angehen (das Problem aus mehreren Perspektiven betrachten, um eine Lösung zu finden) oder emotional (sich soziale Unterstützung suchen, damit man mit seinem Problem nicht so alleine ist).

Klaas: «Ich bin Arzt und werde ständig gefragt: Hast du viel zu tun? Ich finde dies ziemlich nebensächlich. Viel wichtiger wäre zu fragen: Wie geht es dir bei der Arbeit? Wie fühlst du dich danach? Wenn jemand zehn Stunden lang in den Bergen gewandert ist, fragt man ihn doch auch nicht: Hattest du viel zu tun?»

Stresssymptome

Vielfältige Beschwerden – eine gemeinsame Ursache!

Die möglichen Folgen von Stress sind so zahlreich, dass wir hier nicht alle aufzählen können. Haben Sie einen steifen Nacken, Verspannungen in den Schultern oder im Rücken? Sind Sie gereizt oder abgehetzt, leiden Sie unter Emotionslosigkeit oder werden Ihre Gefühle immer heftiger? Gelingt es Ihnen nicht mehr, sich an den kleinen und einfachen Dingen zu erfreuen? Bedarf es extremer und sensationeller Erlebnisse, damit Sie Spaß haben? Stellen Sie Konzentrationsmangel, Grübeln, Erschöpfung, Anspannung, Leistungsschwäche bei sich fest? Werden Sie müde, gereizt oder ängstlich, wenn Sie an Ihre Arbeit denken? Hangeln Sie sich von einem Wochenende zum nächsten ...?

Stress findet zielstrebig unsere Schwachstellen und bohrt gnadenlos in diesen Wunden. Deshalb reagiert jeder auf seine eigene Art auf Stress. Es ist sehr lehrreich und wichtig, die eigenen Reaktionen kennenzulernen: Wie reagiere ich körperlich? Mit Rücken-, Magen- oder Kopfschmerzen? Wie reagiere ich psychisch oder verhaltensmäßig: Werde ich kühl und distanziert oder emotional? Bekomme ich (wieder) Lust auf Glücksspiele oder Alkohol usw.?

Stressbewältigung erfordert Selbsteinschätzung

Die Fähigkeit zur Selbsteinschätzung ist eine wichtige Voraussetzung, um zu erkennen, wann der persönliche Stresspegel steigt. Es ist auch sehr sinnvoll, nahestehende Personen – den Partner, Freunde oder vielleicht auch einen Kollegen, dem man vertraut – um ein Feedback zu bitten, sobald es «mal wieder so weit ist». Wichtig ist, eine feste Vereinbarung mit diesen Personen zu treffen, denn wenn man erst mal gestresst ist, will man oft nichts mehr davon wissen.

Stressmonitor

Die nachfolgende Liste mit Stresssymptomen[48] soll dabei helfen, die Stressbelastung und deren Auswirkungen besser einzuschätzen. Nehmen Sie sich Zeit und kreuzen Sie die Symptome an, die Sie bei sich selbst wahrnehmen. Deren Gliederung in unterschiedliche Bereiche soll Ihnen verdeutlichen, auf welchem Gebiet Sie bevorzugt zu Stressreaktionen neigen.

Regelmäßige Kontrolle der Stressbelastung

Es ist empfehlenswert, diese Liste zu kopieren und den Test regelmäßig (zum Beispiel wöchentlich) zu wiederholen. Das verschafft einen Überblick über die Veränderung Ihrer Stressbelastung und ermöglicht eine vergleichende Betrachtung über einen längeren Zeitraum hinweg.

Ein Vergleich mit dem Ergebnis anderer Personen erscheint mir weniger sinnvoll. Die Empfindlichkeit und die Bereitschaft, sich seine Beschwerden einzugestehen, sind individuell verschieden. Das Ergebnis sollte eher als eine Art Spiegel betrachtet werden, der ein Gesamtbild der eigenen Situation vermittelt.

1. Körperliche Verfassung

- allgemeine körperliche Schwäche
- häufig Grippe oder Erkältung
- Blässe
- Darmbeschwerden (Bauchschmerzen, Verstopfung, unregelmäßiger Stuhl etc.), Magenbeschwerden (Sodbrennen, Übelkeit, Erbrechen)
- Verspannungen (Nacken, Schultern, Rücken)
- Gelenkschmerzen
- unspezifische Beschwerden (die an das RSI-Syndrom erinnern)
- Probleme mit den Augen (z. B. unscharf sehen, müde bzw. überanstrengte Augen)
- Schwindel
- Schweißausbrüche, starkes Schwitzen
- Hyperventilieren (schnelles Atmen bei gleichzeitig empfundener starker Atemnot)
- hoher oder niedriger Blutdruck
- Herzrasen
- regelmäßige Infektionen (der Haut, Aphthen usw.)
- Ekzeme
- Juckreiz
- Kopfschmerzen

2. Energiehaushalt

- allgemeine Erschöpfung
- nächtliches Wachliegen
- unruhiger Schlaf
- nicht genügend Kraft, um Sport zu treiben
- jede Bewegung wird als anstrengend empfunden
- generelle Unlust
- Antriebslosigkeit (vor dem Fernseher oder PC «abhängen»)

3. Verhalten

- stärkerer Nikotinkonsum
- stärkerer Alkoholkonsum
- keine Lust auf Sex oder aber gesteigertes sexuelles Verlangen
- sonstiges Suchtverhalten (Glücksspiel, Wetten)
- Verlust der Selbstkontrolle
- häufiges Weinen
- Essstörungen und Gewichtsprobleme (zu viel oder zu wenig essen)
- Zittern
- Wortfindungsstörungen
- Wutanfälle

4. Seelisch-geistige Verfassung

- Anspannung (nicht entspannen können)
- alles wie ferngesteuert erledigen (Routine)
- Unsicherheit
- Blockiertsein, «sich im Kreis drehen»
- Zwang, sich ständig verteidigen zu müssen
- Vergesslichkeit
- Grübeln
- Ängste
- nichts zu Ende bringen können
- Distanzverlust
- Zynismus

- Unruhe und Gehetztsein
- Selbstentfremdung
- Konzentrationsschwierigkeiten
- Depression oder Melancholie
- Arbeitsunlust
- Neigung, sich zurückzuziehen
- Reizbarkeit; Hektik und Trubel werden nicht verkraftet
- heftige emotionale Reaktionen

Summe:

Das autonome Nervensystem: Gas geben und bremsen

Stress betrifft also nicht nur Seele und Geist. Er durchzieht unseren ganzen Körper, beeinflusst unser ganzes Tun. Dies hat zum großen Teil mit dem sogenannten autonomen (vegetativen) Nervensystem zu tun – jenem Teil unseres Nervensystems, auf den wir keinen direkten Einfluss haben. Es steuert die unbewussten Körperfunktionen wie zum Beispiel den Stoffwechsel.

Es ist auch gut so, dass wir keinen Einfluss auf die Darmfunktion haben oder uns nicht um die Reaktionen unseres Blutdrucks bei Anspannung und Entspannung kümmern müssen. Wir wären sonst so sehr damit beschäftigt, dass wir keine Zeit mehr für irgendetwas anderes hätten. Auch die Stressreaktionen *fight, flight or fright* überlebensnotwendig bei akuter Gefahr, werden über das autonome Nervensystem ausgelöst.

Stress – ein unbewusster «Überlebensmechanismus»

Wir verdanken diese Reaktionen uralten Automatismen, die so tief in uns verwurzelt sind, dass sie bereits in Kraft treten, bevor wir es überhaupt merken. Wie diese funktionieren, kann man zum Beispiel an einer Katze beobachten, die gemütlich und entspannt daliegt und schläft, aber sofort hellwach ist, wenn etwas Unerwartetes passiert. Diese Wirkung kennen wir von uns selbst, wenn uns mit einem Schlag klar wird, dass wir im Begriff sind, uns zu verspäten (und den Zug nicht mehr erreichen oder eine Verabredung verpassen): Alle Müdigkeit ist sofort verflogen (die Ruhe allerdings auch).

Das autonome Nervensystem arbeitet mit einem Antrieb oder «Gaspedal», *Sympathikus* oder «Arbeitsnerv» genannt, und mit einer Bremse, *Parasympathikus* oder «Ruhenerv». Der Sympathikus ist beispielsweise für die spontane Reaktion in Stress- oder Gefahrensituationen verantwortlich, der Parasympathikus hat vor allem mit Regeneration und Entspannung zu tun. Im Zusammenspiel ihrer gegensätzlichen Wirkungen entfalten sie eine differenzierte Steuerung unserer Organe.

Stressmanagement: Bremsen und Gas geben zur gleichen Zeit

Auf der Ebene des Stoffwechsels beruht Stressmanagement auf dem ausgewogenen Zusammenspiel von Sympathikus und Parasympathikus, von Bremse und Gaspedal. Anders als beim Auto benutzt unser Organismus Gas und Bremse gleichzeitig, manchmal mehr das eine, manchmal mehr das andere Pedal. In Bezug auf unsere Gesundheit und unser Wohlbefinden geht es immer wieder um die Balance zwischen beiden. Dabei sorgt schon der Alltag bei den meisten Menschen für Spannung, Anstrengung und Aufmerksamkeit. Das Gegenteil, Ruhe und Erholung, muss man meistens selbst aktiv herbeiführen. Anspannung und Hektik bekommt man umsonst, die Ruhe muss man sich selber organisieren.

Pausen als Ruheinseln im Alltag

Im Allgemeinen kann man davon ausgehen, dass der Sympathikus tagsüber und bei Anstrengungen vorherrscht, während der Parasympathikus nachts, während Pausen und in Entspannungsphasen dominiert: tagsüber die Aktivität, nachts die Regeneration. Am Tag sind die Pausen wie kleine Ruheinseln im regen Fluss der Tätigkeit, während nachts die Traumschlafphasen wie kleine Inseln aus Aktivität im Meer der Ruhe erscheinen.

Das Zusammenspiel von Sympathikus und Parasympathikus – je nachdem, wie ausgewogen oder einseitig es ist – kann als Gradmesser für den Stresszustand unseres Organismus betrachtet werden.

Herzfrequenzvariabilität – die «Sprache des Herzens» verstehen

Lässt sich Stressbelastung messen?

Bei einem so wichtigen Thema wie Stress entsteht natürlich das Bedürfnis, diesen zu messen. Stress ist jedoch so komplex, dass man nicht nur eine einzige Maßeinheit dafür finden kann. Genau wie Gesundheit, Vitalität oder Zufriedenheit kann man Stress nicht einfach auf einem Messgerät ablesen. Es gibt aber interessante Beobachtungen, die Hinweise auf die Stressbelastung liefern.

Seit einigen Jahren steht die Herzfrequenzvariabilität (*heart rate variability; HRV*) zunehmend im Zentrum des Interesses. Auch wenn unser Herz zuverlässig und gleichmäßig schlägt, ist der Abstand zwischen zwei Herzschlägen nie genau gleich lang, sondern er variiert. Bei der Pulsmessung mit dem Finger kann man diese Abweichungen nicht spüren.

Das Herz als «Seismograf» für Stress und Belastung

Wenn man die Herzfrequenz jedoch in Millisekunden misst, bemerkt man, dass die Spanne zwischen zwei Herzschlägen beispielsweise einmal bei 1,010 und ein andermal bei 1,014 Sekunden liegt. Unser Herzrhythmus variiert ständig. Dies sollten wir uns bewusst machen: Das Leben erhält sich nicht durch starre Zustände und feste Rhythmen, sondern durch variable, flexible Prozesse. Leben ist Wechsel und Veränderung.

Wie ein Seismograf registriert das Herz unser ganzes Tun und Lassen und spricht darüber ganz subtil in der Sprache der Herzfrequenzvariabilität. Alles kommt hierin zum Ausdruck: Verdauen und Sporttreiben, Arbeiten und Ausruhen, Schlafen und Träumen, Schreck, Anstrengung und Entspannung, Sex usw.

Indem wir die Herzfrequenzvariabilität messen und interpretieren, können wir die Stressbelastung unseres Organismus erforschen. Was zeigen diese Messungen auf?[49]

Was der Herzrhythmus verrät

- Bei vielen Menschen «rauscht» der Stress in die Nacht hinein. Auch wenn sie schlafen, wirkt der Stress einfach weiter, vor allem in der ersten Nachthälfte. Regenerationsprozesse werden dann vom Stress und der Belastung unterdrückt. Viele leiden auch am späten Abend noch unter dem Stress, dem sie bei der Arbeit ausgesetzt waren.
- Der Erholungseffekt scheint vor allem dann einzutreten, wenn eine weitgehende Synchronisation von Herzrhythmus und Atemfrequenz erfolgt, wenn also der Herz- und der Lungenrhythmus im Gleichklang sind. Oft liegt dabei ein Verhältnis von einem Atemzug zu vier Herzschlägen vor, gelegentlich aber auch ein Verhältnis von beispielsweise 1:5 oder 1:6. Bildhaft gesprochen könnte man sagen, dass Herz und Lunge nicht nur ihren eigenen Part spielen, sondern ein schönes Duett ergeben. Ein hoher Grad der Synchronisation von Herzrhythmus und Atemfrequenz scheint ein wichtiges Anzeichen für gesunden, erholsamen Schlaf zu sein und ist damit einer der Maßstäbe für die Schlafqualität.
- Pausen sind tagsüber sehr wichtig, um anhaltenden Stress immer wieder mit einer Abwechslung zu unterbrechen. Dabei sind häufige kurze Pau-

sen sehr viel effektiver als hin und wieder eine lange Pause. Solange man gesund und vital ist, sind kurze Pausen ein gutes Hilfsmittel, um sich zu regenerieren.
- Einschlafen scheint ein sich langsam vollziehender Prozess zu sein, Aufwachen ist physiologisch gesehen oft ein Schock. Ähnlich ist es mit der Erholung: Sie geht langsam und gleichmäßig vonstatten, Belastung bricht über einen herein (siehe S. 152f.).

Unser Herz nimmt alles deutlich wahr. «Man sieht nur mit dem Herzen gut», schrieb Antoine de Saint-Exupéry in seinem Buch *Der kleine Prinz*. Die Frage ist jedoch, ob wir auch tatsächlich auf unser Herz hören.

Stress verengt den Blick und macht starr

In den letzten Jahren wurde viel über die Wirkung von Biorhythmen geforscht. Die Chronobiologie ist die Wissenschaftssparte, die sich mit den rhythmischen Prozessen von allem Lebendigen befasst. Sie führt uns immer deutlicher vor Augen, dass lebende Organismen, also auch der Mensch, als komplexe Systeme zusammenhängender Rhythmen zu betrachten sind.

Zusammenklang biologischer Rhythmen

All diese Rhythmen haben – wie die beschriebene Herzfrequenzvariabilität – eine gewisse Spannweite, in der sie variieren. Noch interessanter ist die Tatsache, dass sie miteinander verbunden sind. Für die Chronobiologie ist es weniger von Bedeutung, in welchem Rhythmus die einzelnen Organe oder Prozesse funktionieren, sondern wie diese Rhythmen miteinander harmonieren – im Grunde genommen wie bei einem Sinfonieorchester. Auch dort ist es wichtig, dass die Musiker ihren *eigenen* Part gut beherrschen, aber entscheidend ist, dass sie gut *zusammen*spielen. Stress lässt diese Rhythmen erstarren und entkoppelt sie voneinander. Die Organe spielen nicht mehr im Einklang.

Herz-Lungen-Synchronisation

Vieles spricht dafür, dass Regeneration gleichzusetzen ist mit der Synchronisation von Biorhythmen, insbesondere mit der bereits erwähnten Synchronisation von Herzrhythmus und Atemfrequenz. Im Schlaf, aber auch während der Tiefenentspannung, bewegen sich Herz und Lunge im selben Takt. Das Verhältnis von vier oder auch fünf Herzschlägen zu einem Atemzug scheint in direktem Zusammenhang mit der Erholung zu stehen. Tagsüber, wenn wir sprechen, lachen, uns bewegen und mit allem Möglichen beschäftigt sind, können und müssen diese beiden zentralen Rhythmen nicht aufeinander abgestimmt sein.

Eine interessante Studie[50] hat ergeben, dass eine kurze Zen-Meditation in der Mittagspause diese Herz-Lungen-Synchronisation herzustellen vermag, während beim ruhigen, konzentrierten und ebenfalls entspannten Lösen von Rechenaufgaben dieser Effekt nicht eintritt.

Stress verhindert Problemlösungen

Man darf davon ausgehen, dass Stress diese Rhythmen aus dem Gleichklang bringt und erstarren lässt. Dieselbe Verfestigung kann man im Stressverhalten bei sich selbst oder bei anderen – beim Chef, bei Kollegen, beim Partner – entdecken: Stress macht starr und unflexibel, verengt den Blick, und man kann sich kaum noch öffnen für Einwände oder Kritik. Gerade wenn man Aufgeschlossenheit am nötigsten hat, weist man alles von sich.

Stress frisst Vitalität

Raubbau fordert seinen Preis

Der Raubbau an den tropischen Regenwäldern liefert einen passenden Vergleich für den Umgang mit unserer Vitalität. Wir können auf den riesigen Waldflächen lange Zeit ungestraft Bäume fällen, ohne dass irgendwelche Folgen erkennbar wären. Doch irgendwann führen uns die kahlen Stellen gnadenlos vor Augen, dass wir zu weit gegangen sind. Das Tragische daran ist, dass die Erholung viel Zeit in Anspruch nimmt – sehr viel mehr als der Kahlschlag selbst.

So ist es auch mit unserer Vitalität: Die Reserven sind enorm, selbst jahrelange Ausbeutung scheint ihnen nichts anzuhaben. Doch sind wir erst einmal zu weit gegangen, benötigen wir eine lange Zeit, um uns zu erholen. Noch vor nicht allzu langer Zeit schienen Erschöpfung und Burn-out Menschen in der Midlife-Crisis vorbehalten zu sein. Heute kann man in jedem Alter, sogar schon in der Schule, der Erschöpfung zum Opfer fallen. Wie bei den Regenwäldern dauert die Regeneration nach einem Burn-out unangenehm lange. Es wäre also besser, ihn zu vermeiden.

«Notbremse» bei Stress kostet Energie

Das Kernproblem bei Stress besteht darin, dass der Organismus im Notfall den Überlebensmodus einschaltet. Dies funktioniert zwar, kostet aber sehr viel Energie. Auch im Verkehr ist es keine empfehlenswerte Methode, mit einer Notbremsung die Geschwindigkeit zu reduzieren. Man bezahlt für den Stress mit der körperlichen und psychischen Vitalität. Auf Dauer ist das wie ein Kahlschlag der tropischen Regenwälder: Wir verfügen über sehr viel

Energie, doch wenn wir nicht umsichtig damit umgehen, ist sie plötzlich aufgebraucht.

Überlastung oder mangelnde Regeneration: Woran leiden wir eigentlich?

Auch Aktivität kann zur Regeneration beitragen

Man kann unser ganzes Tun und Lassen unter den beiden Begriffen *Belastung* und *Regeneration* zusammenfassen. Belastung ist übrigens nicht gleichzusetzen mit Aktivität – genauso wenig wie Regeneration nur Entspannung oder Ablenkung bedeutet. Viele Arten von Aktivität tragen sogar zur Fitness bei, und ein entspannter Abend kann die Müdigkeit sogar verstärken.

Eine der wichtigsten Fragen zum Thema Stress und Überlastung ist, ob es gelingt, Erholungsmomente in den Alltag einzubauen. Viele Menschen beklagen sich, dass sie überlastet sind, und suchen die «Schuld» dafür in äußeren Faktoren. Könnte aber nicht auch mangelnde Regeneration eine genauso große Rolle spielen? Regeneration – und nicht nur die Reduzierung von Belastung – bildet das Gegengewicht zur Belastung: Nur vom Gas runtergehen reicht oft nicht aus. Man sollte auch aktiv bremsen (oder vielleicht sogar einmal den Rückwärtsgang einlegen).

Regeneration kommt zu Fuß und geht zu Pferde

Regeneration erfordert Zeit

Es wurde bereits ausgeführt, dass Entspannung mit dem Parasympathikus zusammenhängt, während der Sympathikus Regie führt bei Belastung und Aktivität (siehe S. 147f.). Interessanterweise haben beide ein völlig unterschiedliches Verhältnis zur Zeit. Die Wirkung des Sympathikus hält gewöhnlich sehr viel länger an als die des Parasympathikus. Anders ausgedrückt: Stress fällt meist mit der Tür ins Haus, während Regeneration immer viel Zeit benötigt. Wach werden geschieht physiologisch gesehen meist sofort, vor allem wenn ein Wecker im Spiel ist, während das Einschlafen Zeit (und unter Umständen auch Mühe) kostet. Herunterfahren – wobei das Gaspedal des Sympathikus zur Ruhe kommt – erfordert viel Zeit, weil der Regenerationsmodus des Parasympathikus lange braucht, um die Dominanz der Anspannung zu überwinden. Leider lässt die Wirkung der Regeneration schneller nach als die von Stress.

Viele von uns kennen dies aus dem Urlaub: Es dauert ein paar Tage, bis wir in den entspannten Urlaubsrhythmus hineingefunden haben; nach der Rückkehr befinden wir uns oft schon nach wenigen Stunden bei der Arbeit wieder im Alltagstrott. Falls der Arbeitsstress einen nicht schon auf der Heimreise eingeholt hat!

Gewiss ist es lästig, dass die Nachwirkungen von Stress länger andauern als die der Erholung. Man kann es aber auch als eine Art Appell sehen, sich immer wieder Erholungsmomente zu verschaffen – nicht nur im Urlaub, auch während der Wochenenden, nachts und am Tag. Erholungsmomente müssen nicht lange dauern. Besser regelmäßig kurze Pausen machen als gelegentlich eine lange.

Erholungsmomente in den Alltag integrieren

Letztlich ist Stressmanagement auch Erholungsmanagement: Wie und wann erholen wir uns? An freien Tagen? Am Abend? In der Nacht? In den Pausen? «Erholungskunst» ist das Gegenmittel bei Stress. Wer öfters Erholungsmomente in sein Leben einbaut, wird spüren, dass der Körper in stressigen Zeiten schneller in den «Erholungsmodus» umschalten kann.

Wie das Vertrauen kommt auch die Ruhe zu Fuß. Und wie das Vertrauen verschwindet auch die Ruhe zu Pferd, sobald der Stress auf den Plan tritt.

Übung

- Bei welchen Aktivitäten erholen Sie sich am meisten bei Stress und Überlastung?
- Nehmen Sie sich regelmäßig Zeit dafür? Wie oft?
- Was verursacht bei der Arbeit Stress und Überlastung?
- Was bewirkt bei der Arbeit Erholung und Entspannung?

Das Gegenteil von Stress ist ... Aufmerksamkeit

Überlastung ist nur eine Ursache von Stress. Nicht immer eignen sich daher Entspannung und Ablenkung als Gegenmittel. Oft bringt beides nur kurzfristig Erleichterung. Gerade Ablenkung entspringt oft einer Vermeidungsstrategie, einer Art Versteckspiel: Man verschließt die Augen vor einem Problem, solange es möglich ist. Man geht ihm aus dem Weg. Das Problem wird aber dadurch nicht kleiner.

Probleme ausblenden ist keine Lösung!

Stress ist «geteilte Aufmerksamkeit»

Man kann Stress auch als *geteilte Aufmerksamkeit* begreifen: Man macht das eine, denkt aber an etwas anderes, was noch erledigt werden muss oder was man gerade getan hat. Man leidet unter allem, was noch zu tun ist und wovon man vermutet, dass man es nicht schafft.

Aufmerksamkeit hingegen ist ein perfektes Mittel gegen Stress. Wer etwas mit voller Aufmerksamkeit erledigt, kann unmöglich Stress verspüren. Deshalb sind Meditation und vor allem die Fertigkeiten, die man dadurch entwickelt, so wirksam gegen Stress.

Hier sei noch einmal an den Gegensatz von *vita activa* und *vita contemplativa* erinnert. Das Gegenteil der *vita activa* (Arbeitsleben) ist nicht *vita passiva* (Urlaub), sondern *vita contemplativa* (das beschauliche Leben). Man sollte andere nicht um ihren Urlaub beneiden. Denn Urlaub ist kein Gegenmittel gegen Stress. Dieses wird man im Alltag finden müssen.

Meditation befähigt zur Achtsamkeit

Das Konzept der *Mindfulness Meditation,* wie es Jon Kabat-Zinn praktiziert, zielt in diesem Sinne auf Aufmerksamkeit.[51] Bei seinen Workshops mit Patienten, die unter chronischen psychischen oder körperlichen Beschwerden leiden, stehen tägliche Meditation, Körperarbeit und Atemübungen im Vordergrund. Ziel ist das Erlernen von Achtsamkeit *(mindfulness)* bzw. Aufmerksamkeit als zentrale Fähigkeit. Die meisten Teilnehmer erleben dadurch einen Rückgang ihrer Beschwerden und haben somit auch einen verminderten Bedarf an Medikamenten.

Übung

- Bei welcher Aktivität fällt es Ihnen leicht, die volle Aufmerksamkeit zu wahren?
- Haben Sie Konzentrationsschwierigkeiten? Wann in Ihrem Leben war das noch nicht der Fall? Wodurch hat sich das Konzentrationsvermögen verschlechtert?
- Was stört Ihre Konzentration bei der Arbeit?
- Welche Vorteile hat es, wenn Sie eine Zeitlang konzentriert und ungestört arbeiten können?
- Wann gibt es (kurze oder lange) Momente, die Sie wirklich genießen?

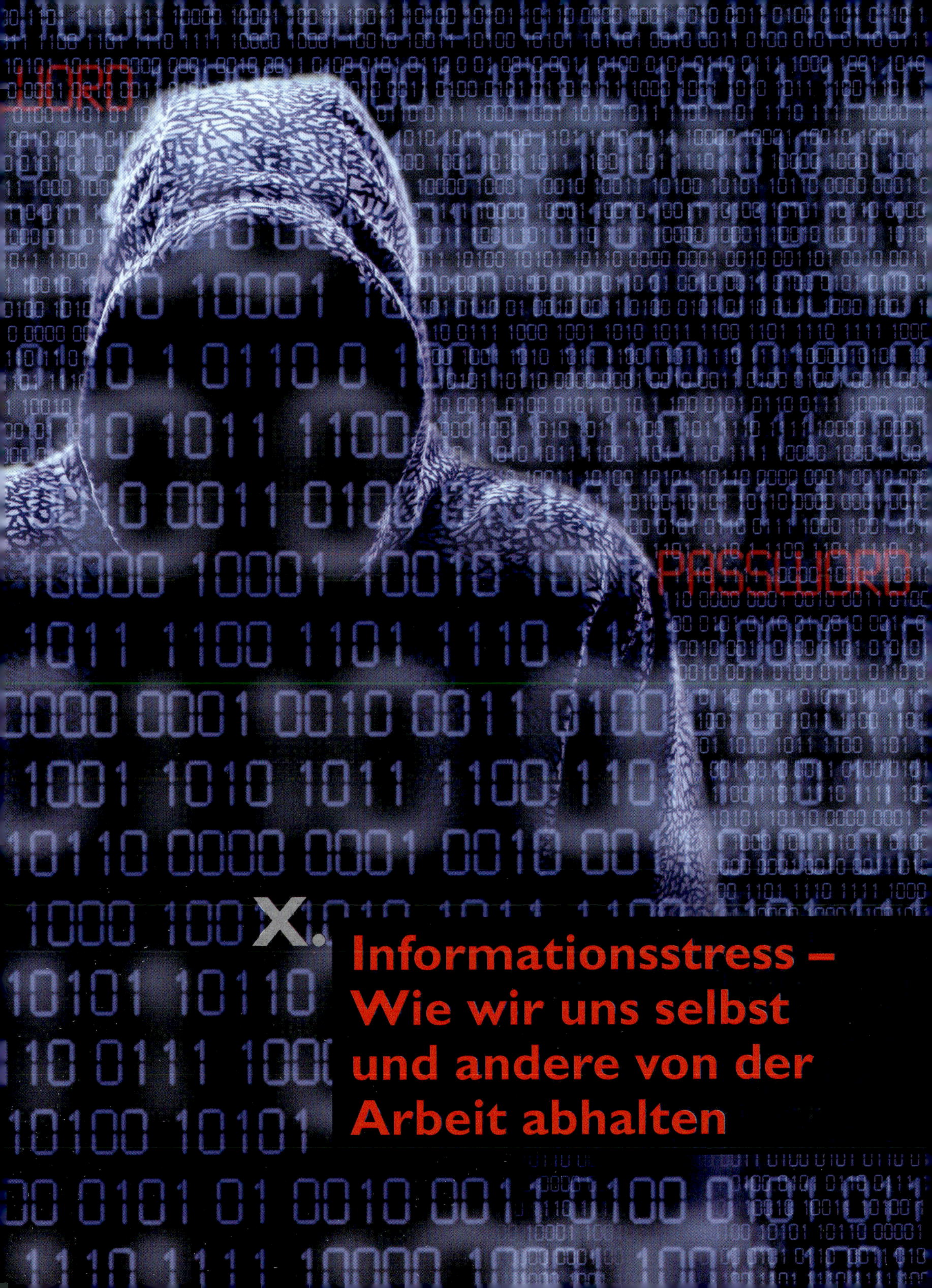

X. Informationsstress – Wie wir uns selbst und andere von der Arbeit abhalten

David Shenk blickte vor einiger Zeit in seinem (natürlich in einem digitalen Medium publizierten) Artikel *The E Decade*[52] zurück auf sein 1997 erschienenes Buch *Data Smog*[53] – übrigens ein sehr schöner Titel: Man sieht die grauen, schmutzigen Informationswolken direkt vor sich. Er resümiert darin, wo er damals recht hatte und wo er zu pessimistisch war. In den meisten Bereichen lag er richtig, und seine Befürchtung, dass eine riesige Informationsflut auf uns zukommen werde, hat sich bewahrheitet. Unterschätzt hatte er den Einfluss der Suchmaschinen, die eine große Hilfe bei der Auswahl von Informationen sind. Ohne sie würden wir uns im Informationsdschungel hoffnungslos verirren.

Eine Sturzflut von Informationen

Vom Informationsmangel zum -überschuss

Früher – etwa bis zum Jahrtausendwechsel – war es eine wahre Kunst, die richtigen Informationen zu beschaffen und zusammenzustellen. Heutzutage ist eher die Fähigkeit gefragt, Informationen von sich fernzuhalten: Während die Zeit, über die wir verfügen, scheinbar weniger geworden ist, ist die Menge an Informationen, die uns umgibt, stetig angewachsen. Wer nicht aufpasst, ist nur noch am Lesen, Sammeln, Sich-Einprägen, um dennoch von einem gefühlten Informationsdefizit geplagt zu werden.

Über das Internet hat jeder sofort alle Informationen – in Wort und Bild – schnell, geordnet und aktuell in «Griffweite». Zu spät für die Nachrichten? Der Button «Sendung verpasst?» gibt einem die Möglichkeit, das Versäumte nachzuholen. Eine digitale Ausgabe der Zeitung ist stets verfügbar. Informationen sind «flüssig» geworden, strömen überall hin und sind im Überfluss präsent.

Infomanie – Datenhunger im digitalen Zeitalter

Auf der anderen Seite sind wir gesättigt mit Informationen und Wissenswertem. Innerhalb kürzester Zeit hat sich ein Informationsmangel in einen Informationsüberschuss verwandelt. Geert Mak stellte 1999 in seinem Buch *Das Jahrhundert meines Vaters*[54] fest, dass ein Mensch im Mittelalter in einem Jahr durchschnittlich genauso viele Informationen aufnahm wie wir durch die Samstagsausgabe der Zeitung. Seitdem hat sich das Informationsbombardement nur noch verstärkt durch die gewaltige Zunahme digitaler Datenströme. Paradoxerweise reagieren viele Menschen auf diesen Datensmog mit einem unstillbaren Hunger nach Informationen – mit «Infomanie».

Mailen rund um die Uhr

Aus einer von einem Produzenten von Headsets in Auftrag gegebenen Studie ging hervor, dass ein Manager durchschnittlich zwei bis drei Stunden am Tag für den Austausch von E-Mails opfert. Diese Aktivität wird selten im Terminkalender berücksichtigt und kommt zum normalen Arbeitspensum hinzu.

Natürlich profitiert ein Hersteller von Headsets von jeglicher Kritik am E-Mail-Verkehr. Dennoch sind die Ergebnisse dieser Studie äußerst interessant. So scheint eine E-Mail im Schnitt vier bis fünf Folge-Mails zu veranlassen, bevor die Sache erledigt ist. Selten wird zum Telefon gegriffen, auch wenn dadurch das Problem schneller gelöst wäre. Und auch wenn man das Gegenteil erwarten würde: Die Kommunikation mittels E-Mails verzögert die Beschlussfassung. Mindestens 30 Prozent der Mails werden als irrelevant betrachtet – eine Aussage, die von fast jedem bestätigt werden kann.

Ineffiziente Kommunikation mit E-Mails

Viele, die über Stress und einen zu hohen Arbeitsdruck klagen, können durch einen effektiveren Umgang mit ihren E-Mails täglich oft mehr als eine halbe Stunde Zeit gewinnen. Führungskräfte, die ihren E-Mail-Verkehr im Griff haben, geben ein gutes Vorbild für ihre Mitarbeiter.

Silvia antwortete auf die Frage, warum sie ihr Mailprogramm immer geöffnet habe: «Sonst riskiere ich es, eine plötzlich angesetzte Teambesprechung zu verpassen.» Worauf ich natürlich sehr erstaunt erwiderte: «Es kann doch nicht sein, dass außer in dringenden Fällen eine Besprechung so kurzfristig anberaumt wird! Und wenn es aus gutem Grund doch einmal geschehen sollte, kommt die Einladung bestimmt nicht per Mail?» Darauf antwortete sie: «Ich weiß doch, wie das ist ... mein Chef sitzt im Auto und schickt uns allen eine kurze Mail, ob wir uns nicht in einer halben Stunde zusammensetzen könnten.» Es ist eigentlich unnötig zu erwähnen, dass dies *management by chaos* ist, ermöglicht durch die modernen Kommunikationsmittel.

Übung

- Wie oft schauen Sie nach neuen E-Mails?
- Oder sind Sie den ganzen Tag auf Empfang? – Warum?

Suchtverhalten

Online rund um die Uhr

Ein Drittel aller Deutschen, die ein Handy benutzen, sind 21 bis 24 Stunden am Tag erreichbar, und 39 Prozent nehmen ihr Handy sogar regelmäßig mit aufs Klo.[55] Die alles übertreffende Kommunikationsfalle ist jedoch das Smartphone (BlackBerry, iPhone etc.) – ein mobiles Multifunktionsgerät, mit dem man nicht nur telefonieren, SMS schreiben oder im Internet surfen, sondern auch E-Mails senden kann. Es scheint wie dafür geschaffen, die Sucht nach digitaler Kommunikation nicht nur hervorzurufen, sondern auch gleich zu befriedigen. Das Wortspiel «Crackberry» deutet auf eine mit Kokain vergleichbare Wirkung hin. Sie führt in eine Abhängigkeit hinein, die sich beispielsweise darin äußert, andauernd – auch am Wochenende und sogar nachts – nachzusehen, ob eine neue Nachricht eingetroffen ist. E-Mails werden nicht erst auf dem Weg zur Arbeit gelesen, sondern bereits morgens beim Zähneputzen. Laut der Umfrage eines US-Sicherheitsunternehmens reagieren 74 Prozent aller Nutzer mit panischen Zuständen, wenn sie ihr Smartphone verlegt haben, 14 Prozent sind verzweifelt.[56]

Selbst übermäßiger Alkoholkonsum steht dem Beantworten von wichtigen E-Mails nicht im Wege. «Es müsste ein Alkoholschloss dran sein», meinte ein Manager mit guter Selbsteinschätzung. In der Wirtschaft, gerade auch auf dem finanziellen Sektor, werden oft über sehr hohe Summen schnelle Entscheidungen getroffen. Mangelnde Konzentration kann dabei dramatische Folgen haben. Und dann gibt es noch den Manager, der im Urlaub über sein BlackBerry bei seinen Kollegen den Eindruck erwecken will, dass er sehr beschäftigt sei.

Angela ist Sekretärin einiger Vorstandsmitglieder in einem international operierenden Unternehmen. Seit Kurzem haben die Manager, die sehr oft unterwegs sind, BlackBerrys, mit denen den ganzen Tag über Mails verschickt werden. An den Antworten kann sie ablesen, wie unaufmerksam die meisten Mails gelesen werden.

Ineffektivität und Missverständnisse

Dass Mailen nicht immer effektiv ist, dürfte deutlich geworden sein. Die Geschwindigkeit des E-Mail-Verkehrs begünstigt schlechte Kommunikation, was Missverständnisse, Fehler und Ungenauigkeiten zur Folge hat – vor allem dann, wenn auch Emotionen im Spiel sind. Die beste E-Mail ist emotionslos. Die einfache Methode des E-Mail-Verkehrs setzt die schwierige soziale Kunst voraus, nüchterne Informationen weiterzugeben und vor allem auch ein Gespür dafür zu entwickeln, wann es günstig ist, jemanden per E-Mail zu kontaktieren. Manchmal ist es besser, zum Telefon zu greifen oder, wenn möglich, den Adressaten persönlich aufzusuchen. Eine Gefahr liegt auch darin, dass Mails voreilig verschickt werden, ohne über ihren Inhalt nachzudenken.

Beim Mailen Emotionen beherrschen

Informationsflut macht dumm und erzeugt Stress

Hat dies etwa auch mit Vitalität und Gesundheit zu tun? Aber sicher! – David Shenk stellt in seinem Artikel einen anschaulichen Vergleich her: Wie mit einem Überangebot an Kalorien, die unsere Gesundheit gefährden, sind wir auch von Unmengen an Informationspartikelchen umgeben. Ebenso wie wir mit Regeln, Gewohnheiten und selbst gesetzten Grenzen unseren Appetit zügeln, sollten wir uns auch einer Informationsdiät unterziehen. Nicht nur, damit wir unsere Ruhe haben, sondern auch damit unser Auffassungsvermögen nicht nachlässt.

Informationsdiät bei Übersättigung

Ein durchschnittlicher amerikanischer Arbeitnehmer wird elfmal pro Stunde gestört. Nach einer solchen Unterbrechung (wie einer hereinkommenden E-Mail oder einem Telefonat) dauert es im Schnitt etwa eine Viertelstunde, bis man wieder an jenem Punkt angekommen ist, wo man unterbrochen wurde. Glenn Wilson vom Institut für Psychiatrie des King's College, London, verzeichnete einen IQ-Rückgang von zehn Punkten bei Menschen, die regelmäßig gestört wurden.[57]

Er stellte weiterhin fest, dass der IQ einer Person, die ständig unterbrochen wird, stärker abnimmt als bei jemandem, der regelmäßig Haschisch konsumiert. Und auch wenn es sich hier (hoffentlich) nur um eine vorübergehende Abnahme handelt, wird auf jeden Fall deutlich, dass Ablenkung unserer Leistung nicht förderlich ist. Es ist nun mal unmöglich, sich auf mehrere Dinge gleichzeitig zu konzentrieren.

Permanente Ablenkung als Leistungskiller

Oft führen regelmäßige Unterbrechungen auch zu psychischen Problemen: Irritationen, Konzentrationsmangel und Stress. Ökonomen beziffern die Kosten, die aufgrund von Unachtsamkeit durch Ablenkung entstehen, auf etwa 650 Milliarden Dollar pro Jahr.

Ablenkung kann schön sein

Finden wir diese permanenten Ablenkungen insgeheim nicht sogar ganz angenehm, obwohl wir eigentlich darunter leiden? Wahrscheinlich, aber wir würden es nie zugeben. Zum einen ist eine große Flut von E-Mails eine Art Statussymbol. Sie gibt einem das Gefühl, dass man wichtig ist und dazugehört. Zum anderen kann eine Unterbrechung auch deshalb ganz willkommen sein, weil man sich dann nicht mehr selbst zur Arbeit motivieren muss, nicht mehr aus eigenem Antrieb entscheiden muss, was getan werden soll und was wirklich wichtig ist.

Fremdgesteuert durch E-Mails?

Konzentriert bei der Sache zu bleiben ist nicht immer einfach. Es erfordert mehr Anstrengung, als auf äußere Einflüsse zu reagieren, auch wenn Eigeninitiative auf Dauer gewöhnlich mehr Energie liefert.

Das permanente Bedürfnis nach Informationen und Ablenkung ist eine der Ursachen für Stress. Denn oft kommt man erst kurz vor Feierabend zu seinen eigentlichen Aufgaben, die man sich für diesen Tag vorgenommen hatte. Kennen Sie das?

Übung

- Wie oft werden Sie bei der Arbeit gestört? Durch wen oder was?
- Welchen Anteil haben Sie selbst daran? – Sagen Sie auch mal Nein, wenn Sie jemand um etwas bittet?
- Was tun Sie, um Störungen zu vermeiden oder zu reduzieren? Was könnten Sie außerdem tun?

Konzentration als Mittel gegen Stress

Die beste Möglichkeit, Informationsstress zu vermeiden, besteht darin, sich über eine oder anderthalb Stunden konzentriert einer Aufgabe zu widmen. Diese Zeitspanne wird durch den *Basic Rest-Activity Cycle* vorgegeben (siehe S. 69). Nach etwa anderthalb Stunden ist das Bedürfnis nach einer Pause gekommen. Dann kann man in aller Ruhe und ohne schlechtes Gewissen nachsehen, ob eine wichtige E-Mail eingetroffen ist. Alle anderthalb Stunden ist übrigens sehr oft, denn meist genügt es, zwei- oder dreimal täglich in sein elektronisches Postfach zu schauen. Kleinigkeiten kann man dann gleich erledigen.

Ungestörte Konzentrationsphasen verhindern Stress

Vorbereiten und Vertiefen verleiht Energie

Viele klagen darüber, dass sie wegen der Informationsflut zu wenig Zeit haben, sich auf eine Besprechung vorzubereiten. Dies führt außerdem oft in einen Teufelskreis hinein: Schlechte Vorbereitung auf ein Meeting macht dieses ineffizient, verlängert es und führt zu Ärger und Ermüdung. Wenn etwas gut läuft, wird es eher als anregend erlebt. Geht dagegen etwas schleppend und langsam vonstatten, wird es als ermüdend empfunden.

Tipp

Planen Sie für jedes Meeting genügend Vorbereitungszeit ein und vermerken Sie diese auch in Ihrem Terminkalender. Das erhöht die Qualität Ihrer Arbeit und gibt Energie. Die Nachbereitung sollte gleich nach dem Treffen erfolgen. Dann sind Sie gedanklich noch nah dran und können das Thema anschließend «abhaken».

Vitalitätsschub durch Vorbereitung und Konzentration

Eine gründliche Vorbereitung kann Energie und Befriedigung verschaffen. Es hat eine motivierende Wirkung, wenn man sich ab und zu etwa eine Stunde Zeit nimmt, um ein Thema zu vertiefen. Danach wird einem oft auch der Sinn seiner Arbeit wieder bewusst. Ein inhaltlich anregendes Gespräch unter Kollegen kann eine ähnlich bereichernde Wirkung haben. Zugleich hat man dabei die Möglichkeit, seine Kollegen von einer anderen Seite kennenzulernen.

Tipps für die E-Ruhe

- Checken Sie Ihre Mails zweimal (maximal dreimal) am Tag. Nehmen Sie sich dann bewusst die Zeit, um diese gleich abzuarbeiten. Lassen Sie am Wochenende Ihr Postfach mal einen Tag ungeöffnet. Vermeiden Sie es, ständig nachzusehen, ob wieder eine E-Mail eingegangen ist (Sie laufen schließlich auch nicht ständig zum Briefkasten), oder eine ankommende Mail sofort zu beantworten.
- Versuchen Sie, jede E-Mail im ersten Anlauf zu bearbeiten. Das ist auf unterschiedliche Weise möglich: sofort beantworten, weiterleiten, markieren oder ausdrucken, um sie in Ruhe durchzusehen. Lesen Sie die Nachricht sorgfältig und vollständig und antworten Sie nicht sofort,

wenn Zweifel oder Ärger im Spiel sind. Sie sollten auf jeden Fall vermeiden, eine Mail nur halb zu lesen (oder mehrmals), um dann zu beschließen, sich später darum zu kümmern.

- Melden Sie sich bei unnötigen Newslettern ab.
- Nicht jede Mail muss man beantworten – schon gar nicht, um zu zeigen, dass man sie gelesen hat.
- Vermeiden Sie das «Nur-noch-kurz-meine-Mails-Checken» vor dem Schlafengehen. Sie können ohnehin nichts mehr damit anfangen und liegen dann oft nur grübelnd im Bett.
- Beteiligen Sie sich nicht an den albernen Spielchen, mittels sehr früher oder sehr später Versendezeiten zeigen zu wollen, wie hart Sie arbeiten.
- Stellen Sie das Signal für hereinkommende Mails ab. Wozu soll das eigentlich gut sein?
- Vermeiden Sie unnötige CCs. Damit belästigen Sie andere und erhalten wieder jede Menge unnötige Antworten. Machen Sie es sich zur Regel, auf CCs nicht zu antworten.
- BCCs – «Blindkopien» an Dritte – sind soziales Gift und sollten besser abgeschafft werden. Beantworten Sie sich einmal ganz ehrlich die Frage, was Sie damit eigentlich erreichen wollen.
- Überlegen Sie immer, ob es nicht besser wäre, das direkte Gespräch zu suchen, statt per E-Mail zu antworten. Dies verhindert ein ständiges Hin- und Hermailen und schafft Missverständnisse oft gleich aus der Welt. Meistens ist es wohltuend, E-Mail-Kontakte gegen «echte» Begegnungen einzutauschen.
- Vermeiden Sie einen zu distanzierten oder zu emotionalen Ton. Eine E-Mail ist auch nicht geeignet, um sich einer unangenehmen Angelegenheit zu entledigen, zum Beispiel um sich in letzter Minute von einer Konferenz abzumelden.
- Es hat sich bewährt, bei der Arbeit einen Zeitrahmen festzulegen, innerhalb dessen man konzentriert und ungestört seine Aufgaben erledigen kann.
- Zusammenfassend: Kommunikation per Anruf, E-Mail oder direkter Begegnung hat jeweils ihre Vorzüge und Nachteile. Ein guter Kommunikator weiß diese geschickt zu nutzen und erliegt nicht der Versuchung, unangenehme Gespräche durch den unpersönlichen Kontakt via E-Mail zu umgehen.

In der Marketing- und Kommunikationsabteilung eines mittelgroßen Unternehmens wurde vereinbart, dass täglich eine bestimmte Zeit für das ungestörte Arbeiten reserviert sein soll, und zwar jeden Morgen vor der (gemeinsamen) Frühstückspause. Dies hat zwei große Vorteile: Jeder beginnt den Tag mit der wichtigsten Aufgabe (eine Grundregel aus dem Zeitmanagement), und bei jedem geschieht es zur gleichen Zeit. Auch ohne starre Handhabung führt diese Regel in der gesamten Abteilung zu Ruhe und Konzentration. Für den Rest des Tages stehen die Türen dann wieder offen.

Richtiger Umgang mit Informationen

Beschränken Sie sich beim Lesen der Zeitung oder anderer Medien auf jene Beiträge, die Ihnen wirklich wichtig erscheinen. Die Fülle an Informationen ist gewaltig. Was ist unwichtig, was hat man bereits nach einem Tag wieder vergessen? *(Who wants yersterdays papers?,* sang Mick Jagger.) Oder nach einer Woche?

Selektion von Nachrichten

Viele Informationen gehen unter, weil unsere Aufnahmefähigkeit begrenzt ist. Fassen Sie den Inhalt einer Lektüre oder eines Gesprächs zusammen und halten Sie die wichtigen Punkte in einer Art «Tagebuch» fest. Dadurch können Sie sich das Wesentliche besser merken, und es macht Spaß, später einmal nachzulesen, was Sie vor einiger Zeit beschäftigt hat. – Wissenslücken müssen Ihnen nicht peinlich sein.

Übung

Die folgende Übung soll Ihnen vor Augen führen, wie Ihr täglicher Umgang mit Informationen momentan aussieht und wie Sie sich ihn eigentlich wünschen. Die Fragen sind das Ergebnis der Erfahrungen zahlloser Teilnehmer meiner Stress- und Vitalitätsmanagement-Workshops.

Mein Informationsprofil

Wie kommuniziere ich momentan und wie gehe ich mit Informationen um?	*Wie möchte ich dies künftig gestalten?*

Wie viele E-Mails bekomme oder versende ich? Wie viele sind wirklich wichtig bzw. wie könnte ich die unwichtigen vermeiden?

Wann bevorzuge ich den Kontakt per E-Mail? Wie schätze ich meine E-Mails im Hinblick auf ihre soziale Wirkung ein?

Wie oft rufe ich meine E-Mails ab?

Welche Rolle spielen Telefongespräche bei meiner Arbeit?

Welche Rolle spielen kurze Gespräche mit Kollegen oder anderen Personen?

Wie nutze ich in Gesprächen mit Kollegen deren Fachkenntnis und Erfahrung?

Nehme ich mir genügend Zeit, um mich inhaltlich auf Projekte, Besprechungen, Workshops usw. vorzubereiten?

Wie viel Zeit investiere ich in das Lesen von Fachliteratur, und wie wirkt sich das auf die Qualität meiner Arbeit aus?

Intermezzo:

Dem System auf die Schliche kommen

In seinem Buch *Die fünfte Disziplin* beschreibt Peter Senge[58] ausführlich, wie hinter allem, was wir tun und was wir erleben, komplexe Systeme am Werk sind. Wir spüren immer nur die Symptome, die an die Oberfläche treten – manchmal sehr heftig, manchmal fast unmerklich. Hinter ihnen wirken immer verborgene Kräfte, verbirgt sich immer eine tiefer liegende, ursächliche Dynamik.

Die sichtbaren und oft störenden Symptome ziehen meist die volle Aufmerksamkeit auf sich. Man stelle sich nur einmal Ohrenschmerzen vor, ausgelöst von einer akuten Entzündung, oder ein Leck im Dach infolge fehlender Instandhaltungsmaßnahmen.

Symptome behandeln kann Probleme verschlimmern

Die Symptome zu behandeln ist nicht immer sinnvoll und kann das dahinter verborgene Leiden verschleiern oder sogar verschlimmern: Wer Schmerzmittel nimmt, um den Schmerz in einer überbelasteten Schulter zu dämpfen, und daraufhin die Schulter wieder mehr belastet, verschlimmert damit das Problem. Fieber unterdrücken kann zu Komplikationen führen, denn es ist immerhin eine natürliche Reaktion des Organismus zur Bekämpfung von Infektionen. Wenn wir auf diese Weise nur die Folgen einer Infektion behandeln und nicht die Ursache, bleibt diese unvermindert bestehen. Auch der Mikroorganismus, der die Infektion verursacht hat, ist nicht der Auslöser der Kettenreaktion: Ein geschwächtes Immunsystem oder ungesundes Verhalten können die Ursache sein. Insofern ist also auch die Behandlung mit antibakteriellen oder antiviralen Mitteln nur ein Herumdoktern an den Symptomen, wenn nicht weiter nach den Ursachen gesucht wird, die den Nährboden für die Infektion bilden.

Auch in der Arbeitswelt spielen diese Prozesse eine Rolle. Ein hoher Krankenstand ist zum Beispiel ein Symptom, hinter dem sich eine oder mehrere Ursachen verbergen: Setzen die Mitarbeiter mit ihren Fehltagen ein Zeichen, um ihre Unzufriedenheit zu äußern (ohne gegen diese vorzugehen)? Sind Krankmeldungen eine Folge von Überlastung und einer Vielzahl von Überstunden (sodass man der Meinung ist, man könne sich ruhig mal einen freien Tag gönnen)? Sind sie Folge eines ausgesprochen laxen Führungsstils (etwa wenn Mitarbeiter bereits während der Probezeit öfters fehlen und dennoch bleiben dürfen)? Oder ist der Chef nicht in der Lage, die Probleme am Arbeitsplatz anzusprechen und anzugehen?

Natürlich ist eine gute Unternehmenspolitik wichtig, die ein Übermaß an Fehlzeiten eindämmt. Wenn jedoch das Unternehmen deren Ursache nicht erkennt und nicht bekämpft, bleibt diese bestehen und äußert sich auf andere Weise – in einem anderen Symptom.

Symptome ändern sich – Ursachen bleiben

Gesundheitliche Beschwerden oder mangelnde Vitalität, ungesundes und sozial schädliches Verhalten sind oft durch verborgene ursächliche Zusammenhänge miteinander verknüpft.

Anne-Sophie leidet unter Unruhezuständen, sowohl im privaten Bereich als auch während der Arbeit. Diese verfolgen sie schon lange, doch in letzter Zeit sind sie schlimmer geworden. Sie schläft schlecht – was noch verstärkt wird durch den unruhigen Schlaf ihrer kleinen Tochter. Auch das dritte Familienmitglied, ihren Mann, beschreibt sie als hektisch und nervös. Die ganze Familie ist lebhaft und unruhig.
Anne-Sophie war eine Zeitlang Abteilungsleiterin. In dieser Funktion hatte sie zwar die Möglichkeit, vieles zu organisieren, doch sie verbreitete dabei auch eine Menge Hektik. Sie hielt es nicht aus, wenn manchmal etwas unerledigt blieb, und ging anderen damit auf die Nerven.
Die Lehre, die sie daraus zu ziehen hat, besteht darin, planen zu lernen: Indem man «einen Plan ausarbeitet», bringt man Ordnung in die Fülle von Aufgaben und sorgt dafür, dass man sich weniger daran stört, wenn etwas noch nicht zum Abschluss gebracht werden konnte. Es ist ja immerhin schon geplant ...
In letzter Zeit hat auch die Unruhe ihrer kleinen Tochter zugenommen, weil sie von anderen Kindern in der Kindertagesstätte gegängelt wird. Nachts erwacht sie oft völlig verängstigt. Hinzu kommt, dass ihr Mann darauf drängt, die Tochter in einer anderen Kinderkrippe anzumelden, während Anne-Sophie sie unbedingt in dieser Einrichtung lassen möchte. Sie verspürt also auch noch den Druck ihres Mannes bei der Suche nach einer Lösung.
Neben all diesen Problemen hat Anne-Sophie auch noch ihre Schwiegermutter nach einen Schlaganfall vorübergehend bei sich aufgenommen und ist sehr damit beschäftigt, einen Platz im Pflegeheim zu organisieren.
Sie selbst hat, um mit der Unruhe während der Arbeit besser umgehen zu können, wieder Raucherpausen eingeführt. Das bietet ihr eine kurzzeitige Entspannung, doch es trägt nicht zu einer strukturellen Lösung des Problems bei. Auch an ihrer Neigung, auf belastende Situationen mit Unruhe zu reagieren, ändert dies nichts. Wir machen uns daher auf die Suche nach nachhaltigen Maßnahmen gegen die Unruhe und kommen zum Ergebnis, dass Bewegung

(ein hervorragendes Anti-Stress-Mittel) und das Schaffen von Genussmomenten, zum Beispiel gemeinsam mit der Familie, geeignet wären und einen Gegenpol zur Unruhe bilden könnten.

Wir unterscheiden drei Lösungsmöglichkeiten:

Die Raucherpausen sind Ausdruck dafür, mithilfe einer Sucht oder einer schlechten Gewohnheit eine schnelle «Lösung» anzustreben. Diese Reaktion ist verständlich und nachvollziehbar, aber abgesehen davon, dass sie ungesund ist, zielt sie zu sehr auf die Symptome, ohne die Ursachen zu beseitigen.

Ein guter Pflegeplatz für die Schwiegermutter und eine Lösung für das Kita-Problem der kleinen Tochter zu finden sind wichtige und dringende Sofortmaßnahmen.

Die tiefer gehende Lösung für das Problem der Unruhe besteht darin, einen Gegenpol zu schaffen, zum Beispiel durch Bewegung und Genuss. Beides stärkt die Fähigkeit, besser mit belastenden Situationen umgehen zu können.

In einem Systemdiagramm können die verschiedenen Zusammenhänge wie folgt eingetragen werden:

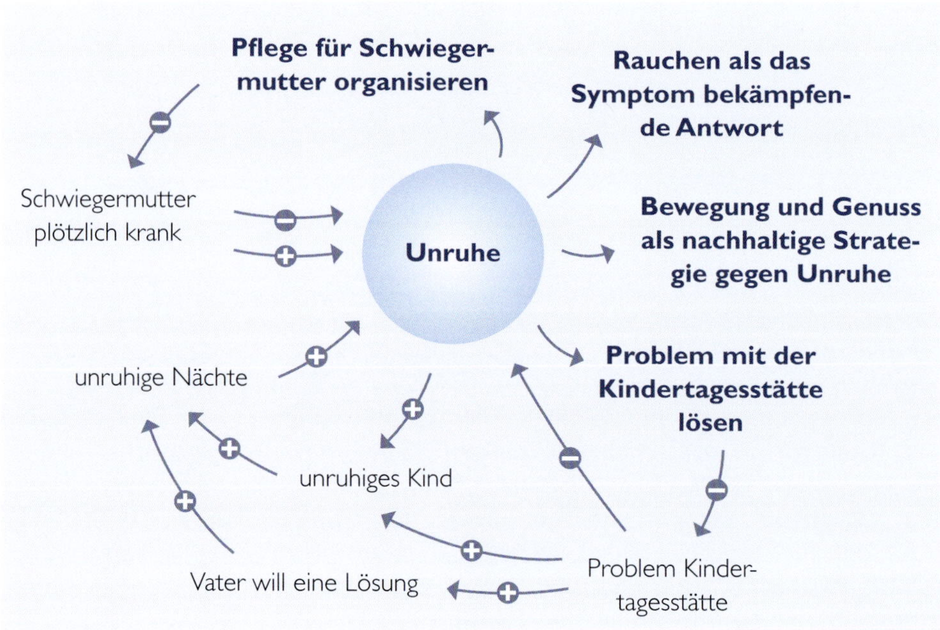

Oft ist es während eines Vitalitätscoachings notwendig, einige dieser systemischen Zusammenhänge sichtbar zu machen. Diese Visualisierung der Probleme und ihrer Folgen und Ursachen verdeutlicht, was sich hinter den Beschwerden verbirgt und warum eine symptomorientierte Lösung nicht dauerhaft wirksam sein kann.

Lösungsperspektive hilft, Schuldgefühle abzubauen

Der Zusammenhang der Probleme macht deutlich, dass die Weichen anders gestellt werden müssen, um eine dauerhafte Veränderung zu bewerkstelligen. Diese Perspektive einer dauerhaften Veränderung trägt auch dazu bei – und das ist besonders wichtig –, einem das Schuldgefühl wegen seines ungesunden Verhaltens zu nehmen. Oft kann ungesundes Verhalten erst *nach* dem Verschwinden der Schuldgefühle einem konkreten und sinnvollen Plan für eine Veränderung weichen. Denn die Schuldgefühle tragen paradoxerweise – durch das lähmende Gefühl, das sie verursachen – gerade zur Aufrechterhaltung des Problems bei, das zu diesen Schuldgefühlen führt.

XI. Sinngebung und Spiritualität verbessern Vitalität und Arbeitsqualität

Sinnsuche als Vitalitätsquelle

Haben Sinngebung und Spiritualität etwas miteinander zu tun? Wissenschaftlich ist es zwar noch nicht bewiesen, doch die Frage ist, ob wir darauf warten müssen. Viele Beispiele zeigen uns, dass die Suche nach Sinn eine der Quellen der Lebenskraft sein kann. Dies gilt für das Privatleben, aber auch für das Arbeitsleben. Auf beiden Gebieten können sich Zeiten, in denen alles glatt zu laufen scheint, mit Phasen abwechseln, in denen nichts gelingen will. Die Erfahrung der Sinnhaftigkeit kann dann von entscheidender Bedeutung sein, ob man schwierige Zeiten gut übersteht.

Ingrid Betancourt

War es nicht erstaunlich, wie stark und innerlich ungebrochen Ingrid Betancourt nach dem Horror von fast sieben Jahren Gefangenschaft im kolumbianischen Dschungel zu sein schien? In einem Interview kurz nach ihrer Befreiung erklärte sie, «die Grausamkeit des menschlichen Tieres» gesehen zu haben, stellte aber auch klar: «Ich glaube, dass jeder von uns dieses menschliche Tier in sich trägt, so sind wir nun mal veranlagt.»[59]

Während ihrer Geiselhaft wurde sie angekettet, gefoltert und erniedrigt. Dennoch behielt sie ihre innere Gelassenheit. Sie meditierte und betete täglich und konnte dadurch der Gefahr entgehen, verrückt zu werden. Auch ihren Mitgefangenen versuchte sie eine innere Stütze zu geben in einer Welt ohne Halt. Der Großmut einiger ihrer Mitgeiseln machte sie betroffen: «Das ist das Magische. Der Mensch hat eine dunkle Seite, aber auch eine helle, die anderen Menschen Hoffnung geben kann. Das ist es, was Spiritualität für mich bedeutet.» Und sie berichtete über ihre Gespräche mit Gott, der ihr Antwort gab, wenn sie mit ihm sprach.

Dass sie eine Woche nach ihrer unerwarteten Befreiung einem Zusammenbruch nahe war, ist nicht weiter erstaunlich. Dass sie überlebte, ist ein Beweis dafür, was menschliche Willenskraft vermag. Sie ist vielleicht eine Ausnahme, aber als solche macht sie deutlich, wozu ein Mensch imstande ist. Die Fähigkeit der Sinngebung ermöglichte es ihr zu überleben und Selbstmordgedanken, die regelmäßig auftauchten, zurückzuweisen.

Viktor Frankl

Der österreichische Neurologe und Psychiater Viktor Emil Frankl (1905–1997) war als Jude während der Nazi-Diktatur in drei Konzentrationslagern interniert. Seine Auseinandersetzung mit dem Tod begann jedoch schon vorher: Von 1933 bis 1937 leitete er den sogenannten «Selbstmörderinnenpavillon» des Psychiatrischen Krankenhauses in Wien. Er behandelte hier 30 000 Frauen, die selbstmordgefährdet waren. Später, als er im nationalsozialistischen Wien nur noch Patienten jüdischer Abstammung behandeln durfte, konnte er bei manch einem die Euthanasie durch die Nazis verhindern.

Während seines Aufenthalts im Konzentrationslager reifte bei ihm die Überzeugung, dass sogar in den qualvollsten, menschenunwürdigsten Situationen das Leben eine Bedeutung haben kann und auch das Leid einen Sinn hat. Dies bildete die Basis seiner Logotherapie. Wenn das Leben im Konzentrationslager kaum noch auszuhalten war, machten er und einige seiner Mitgefangenen die Erfahrung, dass es möglich war, Zuflucht in eine geistige Region des Daseins zu nehmen, zu der die SS keinen Zutritt hatte. Ein spirituelles Leben stärkte den Gefangenen, half ihm dabei, sich mit dieser unerträglichen Situation abzufinden und verbesserte die Überlebenschancen.

Die von ihm entwickelte Therapie nannte Frankl *Logotherapie* nach einer der Bedeutungen des Wortes *logos*, nämlich «Sinn». Er verwies damit auf die Bedeutung von Sinngebung und auf die Kraft, die von dem Streben nach Sinn ausgeht.

Sinngebung als Überlebenshilfe

Sinnsuche in existenziellen Krisen

Dem Leben einen Sinn zu verleihen hilft also zu überleben und ist damit möglicherweise stärker als der Tod. In existenzieller Not oder lebensbedrohlichen Situationen kommt keiner daran vorbei, über Sinngebung und Spiritualität nachzudenken.

Auch ohne äußere Gefahr, durch die unser physisches Dasein bedroht ist, machen wir existenzielle Krisen durch. Beim Tod eines geliebten Menschen, bei einer Scheidung oder einer beruflichen Krise wird unser Leben in seinen Grundfesten erschüttert, und die Frage nach dem Sinn und dem Überleben drängt sich auf.

Übung

- Was hat Sie durch die schwierigste(n) Phase(n) Ihres Lebens getragen?
- Wer oder was war wichtig für Sie, um zu «überleben»?
- Was half oder hilft Ihnen dabei, problematische Situationen bei der Arbeit auszuhalten?
- Welche Fähigkeiten wünschen Sie sich für den Fall, dass Sie sich wieder einmal in einer solchen Situation befinden?

«Die schwierigsten Phasen unseres Lebens sind die besten, um Erfahrung zu sammeln und an Sicherheit zu gewinnen. Durch solche Phasen hat sich mein mentaler Zustand sehr verbessert.» *Dalai Lama*

Was ist Spiritualität?

Der Begriff Spiritualität hat viele Bedeutungen. Betrachtet man ihn unter dem Aspekt der Vitalität, d. h. der Möglichkeit produktiver Selbstentfaltung, müssen wir «spirituell» nicht im religiösen Sinne verstehen, sondern können es mit einfachen und allgemeinen Begriffen definieren: Es bezeichnet die Verbindung unserer innersten Wertvorstellungen – etwa einer humanitären Gesinnung – mit einem äußeren Ziel, das über unsere eigenen Interessen hinausgeht.

Lebenspraktische Bedeutung von Spiritualität

Diese Form der Spiritualität verleiht uns jene Kraft, mit der wir imstande sind, Probleme und Widerstände zu überwinden. Auch das ist Vitalität. Diese Kraft benötigen wir, weil wir privat oder im Berufsleben immer wieder schwierige Phasen überstehen müssen. Anders ausgedrückt: Das Segeln bei schönem Wetter ist nicht so schwierig. Erst bei Sturm zeigt sich, über welche Fähigkeiten wir wirklich verfügen.

Die Suche nach Sinn wird privatisiert

Das wichtigste Fazit einer in den Niederlanden durchgeführten Studie, die auch für die meisten europäischen Länder zutreffen dürfte, lautet: Religion und Sinnsuche sind heute zu einem großen Teil unabhängig von Institutionen und Bekenntnissen und zu einer persönlichen Angelegenheit geworden.

Dies bietet die Chance für einen individuellen Weg bei der Suche nach Sinn und eine individuelle Form der Spiritualität, bringt aber auch Zweifel und Unsicherheit mit sich. Was geschieht, wenn es uns irgendwann nicht mehr gelingt, in etwas einen Sinn zu erkennen, und nur Leere zurückbleibt?

Fehlen von Sinnhaftigkeit macht verwundbar

Auch hier gibt es einen Berührungspunkt zwischen Spiritualität, Arbeit und Vitalität. Das Gefühl der Leere oder das Fehlen von Sinnhaftigkeit kann sehr an uns nagen oder das Selbstvertrauen unterwandern. Wir werden verwundbar, wenn Erfolg das einzige Ziel unserer Arbeit ist.

Sinngebung und Spiritualität verleihen einerseits Kraft und Orientierung im Privatleben und bei der Arbeit, andererseits machen sie uns weniger angreifbar, weil das Leben eine Bedeutung bekommt und nicht mehr nur aus Arbeit besteht.

Die Tendenz zur individuellen Sinngebung ist Teil eines umfangreichen und gesellschaftsübergreifenden Prozesses der Individualisierung. Dies hat Auswirkungen auf unser soziales Zusammenleben und damit auch auf unsere Arbeitssituation.

Übung

- Welche Rolle spielt die Suche nach Sinn und Spiritualität in Ihrem Leben, und wie drückt sich dies aus?
- Wie haben Sie Ihren Weg zu Ihrer heutigen spirituellen Ausrichtung gefunden?

Soziale Zusammenhänge: Jeder Mensch ist ein Fremder geworden

Gesellschaftliche Zerfallsprozesse

Sozialer Zusammenhalt und Integration sind in unserer globalisierten Welt nicht mehr selbstverständlich. Überall auf der ganzen Welt grenzen sich einzelne Gruppierungen immer deutlicher voneinander ab – selbst dort, wo sie bis vor Kurzem noch ganz «normal» zusammengelebt haben. Gerade im Großstadtmilieu erlebt sich der Einzelne heute als Fremder unter Fremden. Der von einem Gemeinschaftsgefühl getragene gesellschaftliche Zusammenhalt befindet sich in einem Auflösungsprozess.[60]

Einer, der sich mit diesem Phänomen auseinandergesetzt hat, ist der amerikanische Soziologe Robert D. Putnam. Er wurde vor allem durch sein im Jahr 2000 erschienenes Buch mit dem Titel *Bowling alone* bekannt.[61] Seine Kernaussage illustriert er mit dem Beispiel, dass die meisten Amerikaner zwar noch immer zum Bowling gehen, vielleicht sogar öfter als früher, aber sie stehen nun quasi «alleine» auf der Bowlingbahn, nicht mehr als Mitglied eines Vereins.

Soziales Kapital geht verloren

Eine Vielzahl sozialer Aktivitäten ist im Laufe des vergangenen Jahrzehnts zurückgegangen. Ob das nun kirchliches Engagement, das Vereinsleben oder auch nur das gemeinsame Essen betrifft: Das Interesse für diese sozialen Ereignisse hat stark abgenommen. Und damit auch alles, was als soziales Kapital bezeichnet werden kann.

Soziales Kapital – Bonding- und Bridging-Beziehungen

Das soziale Kapital bildet neben dem «normalen» der Geld- und Sachwerte und dem menschlichen (Human-)Kapital eine eigene Wertekategorie. Eine Gesellschaft oder eine Organisation mit reichlich sozialem Kapital funktioniert am besten; außerdem sind die Menschen, die ihr angehören, glücklicher und seltener krank.

Putnam unterscheidet zwei Arten von Beziehungen: *bonding* und *bridging*. Bonding ist das Band zwischen Menschen, die vieles gemeinsam haben, Menschen einer Gruppe: der Männer und der Frauen, Menschen mit vergleichbarer ethnischer oder sozialer Herkunft, mit einem vergleichbaren Bildungsniveau usw. Diese Beziehungen entstehen überwiegend von alleine.

Beim *bridging*, «Brückenbauen», müssen Unterschiede in der Kultur oder den Gewohnheiten überbrückt werden. Solche Kontakte können gerade wegen der Unterschiede sehr bereichernd wirken. Menschen mit vielen Bonding-Beziehungen haben übrigens meist auch viele Bridging-Beziehungen. In einem guten sozialen Umfeld besteht meist ein Gleichgewicht von Bonding- und Bridging-Beziehungen: Beide entsprechen unterschiedlichen Bedürfnissen und bereichern das Leben auf jeweils unterschiedliche Weise.

Auch Unterschiede können verbinden

Putnam äußert sich sehr positiv über den Wert sozialer Beziehungen, sowohl in ihrer gesellschaftlichen (soziales Kapital) als auch in ihrer gesundheitlichen Bedeutung: «Ein gutes soziales Umfeld ist gesünder als mit dem Rauchen aufzuhören.»

Übung

- Wie sieht Ihr soziales Umfeld in Bezug auf Bonding- und Bridging-Beziehungen aus?
- Bemühen Sie sich, neue Kontakte zu knüpfen?
- Suchen Sie aktiv die Verbindung zu anderen Gruppierungen?
- Welche Reaktion rufen bei Ihnen Intoleranz und Gewalt hervor?

Mit dem Schwinden des sozialen Kapitals ist gesellschaftsübergreifend das gegenseitige Misstrauen gewachsen und die Solidarität hat abgenommen. Aus zahlreichen Beispielen lässt sich ableiten, dass soziales Kapital von ausschlaggebender Bedeutung für stabile Gesellschaftsstrukturen ist. So weist eine in Italien durchgeführte Studie darauf hin, dass die Mitgliedschaft in einem Chor Indikator für die Zuverlässigkeit ist, mit der jemand seine Steuern zahlt. Sozialer Zusammenhalt ist eine wichtige Säule für die kollektive und individuelle Gesundheit.

Suche nach neuen Gemeinschaftsformen

Putnam geht davon aus, dass wir nach neuen «Wir-Formen» suchen, um das soziale Kapital zu erhalten. In seinem Buch *Better together*[62] beschreibt er Beispiele solcher neuen Netzwerke von Beziehungen auf allen Gebieten, die auch für die Gesundheit von großer Bedeutung sind.

Vielfalt am Arbeitsplatz kann Unternehmen nutzen

Für viele ist der Arbeitsplatz ein wichtiges Umfeld, wo sie den unterschiedlichsten Menschen begegnen. Die Bedeutung des Arbeitsumfeldes als soziales Netzwerk und damit auch die Verantwortung des Arbeitgebers und die Chance, «neue Wir-Formen» zu schaffen, dürfen nicht unterschätzt werden. In Unternehmen wird immer mehr der Ruf nach Vielfalt laut.

Vielfalt umfasst – einfach ausgedruckt – alles, worin wir uns unterscheiden. Das können sichtbare Unterschiede sein (männlich oder weiblich, kulturelle Unterschiede, alt oder jung), weniger sichtbare Unterschiede (homo- oder heterosexuell) oder unsichtbare Unterschiede (zum Beispiel Bildungsniveau, familiäre Situation). Im Prinzip gilt bei jedem Unterschied: Er kann eine Kluft darstellen oder eine Bereicherung sein.

Bridging-Beziehungen, die auf dem Interesse für die Unterschiede beruhen, bilden die Basis für Bereicherung. Vielen Unternehmen ist bewusst

Vielfalt ist eine Bereicherung im Arbeitsleben

geworden, dass sie auf Vielfalt angewiesen sind: Sie können es sich nicht leisten, vorhandenes Potenzial ungenutzt zu lassen, indem sie beispielsweise Frauen von Spitzenpositionen ausschließen, Mitarbeiter mit Migrationshintergrund nicht befördern usw. In vielen Betrieben weiß man auch, dass eine Belegschaft, die durch Vielfalt geprägt ist, besser auf ein breites Kundenspektrum eingehen kann. Und schließlich gehen Teams, in denen unterschiedliche Kompetenzen zusammengefasst sind, oft besonders kreativ an die Lösung von Problemen heran.

Das alte «Wir-Gefühl» hat die Kraft verloren, die es jahrhundertelang hatte. Individualisierung ist die Folge. Um nicht zu vereinsamen und sich nicht gegeneinanderstellen zu müssen, brauchen wir ein neues «Wir-Gefühl», bei dem Unterschiede kein Hindernis sind. Doch welche Fähigkeiten werden benötigt, um über Bridging-Beziehungen neue «Wir-Formen» aufzubauen?

Übung

- Welchen Platz hat Vielfalt in Ihrem Leben? Wo begegnen Ihnen Menschen aus anderen Kulturen, mit anderen politischen Überzeugungen, anderen sexuellen Neigungen, aus anderen Altersstufen und anderen Gesellschaftsschichten?
- Was gewinnen Sie durch diese Begegnungen?
- Wie sieht Ihr Arbeitsumfeld im Hinblick auf Vielfalt aus? Wie profitieren Sie am Arbeitsplatz von der Begegnung mit «anderen» Menschen?

Was ist Intelligenz?

Der erste moderne Intelligenztest wurde 1905 von Alfred Binet und Théodore Simon entwickelt. Als Intelligenz wurden dabei eigentlich nur die kognitiven Fähigkeiten betrachtet: Gedächtnis, Zusammenhänge erkennen, rasches Lösen von Problemen. Anfangs wurde wohl erwartet (oder auch erhofft?), dass das Maß an Intelligenz eine gute Prognose für den Erfolg in einem bestimmten Beruf zulassen würde. Schon bald zeigte sich jedoch, dass dies in keinster Weise zutraf.

Der amerikanische Psychologe Daniel Goleman untersuchte in einem Unternehmen in den Vereinigten Staaten, wer am besten arbeitete, und fand heraus, dass Mitarbeiter mit Spitzenleistungen viele intensive Arbeitsbeziehungen unterhielten. Er nannte eine Kombination emotionaler und verhaltensspezifischer Fähigkeiten *emotionale Intelligenz* und gab damit dem Begriff «Intelligenz» eine neue Dimension. 1995 brachte Goleman sein berühmt gewordenes Buch *EQ. Emotionale Intelligenz*[63] heraus. Darin stellt er dar, dass Selbstwahrnehmung und Empathie wichtiger sein können als der IQ, wenn es um Erfolg im Beruf geht.

Kognitive Intelligenz ist keine Erfolgsgarantie

Emotionale Intelligenz

Daniel Goleman beschreibt in seinem Buch vier Kriterien der emotionalen Intelligenz (EI):

- *Selbstwahrnehmung (self-awareness)* der eigenen Emotionen,
- *Selbststeuerung (self-management)* der eigenen Emotionen und Verhaltensweisen,
- *Einfühlungsvermögen (social awareness, empathy)* in die Gefühle und Verhaltensweisen anderer,
- *Beziehungsmanagement (relationship management)* als Verstehen und Beeinflussen von zwischenmenschlichen Beziehungen.

Eigentlich beruhen diese Kriterien auf zwei Grundausrichtungen, *Erkennen* und *Handeln*, und sind entweder *nach innen* (auf einen selbst) oder *nach außen* (auf andere) gerichtet. Goleman geht davon aus, dass die Eigenschaften der emotionalen Intelligenz nicht angeboren, sondern erlernbar sind und deshalb einen großen Entwicklungsspielraum bieten.

Mit der Ausbildung seiner emotionalen Intelligenz beschreitet man einen Entwicklungsweg, der nie abgeschlossen ist. Dabei scheinen Selbsterkenntnis und Selbstbewusstsein die Grundfähigkeiten zu sein, aus denen sich alle anderen Fähigkeiten entwickeln.

Emotionale Intelligenz ist erlernbar

Es ist erstaunlich, wie innerhalb weniger Jahre die einseitige Wertschätzung eines hohen IQs abgenommen hat und dieser manchmal sogar skeptisch betrachtet wird. Dies äußert sich auch darin, dass neben der fachlichen Qualifikation, die nicht automatisch zum erfolgreichen Handeln führt, kommunikative und emotionale Fertigkeiten im Anforderungsprofil der meisten Berufe heute von ausschlaggebender Bedeutung sind.

	Ich	andere
Erkennen	Selbstwahrnehmung eigene Gefühle erkennen Selbsteinschätzung Selbstvertrauen	soziales Bewusstsein Empathie Gemeinschaftssinn Hilfsbereitschaft
Handeln	Selbststeuerung Selbstbeherrschung Vertrauenswürdigkeit Integrität Initiativkraft Anpassungsvermögen Ziele setzen	Beziehungsmanagement Zusammenarbeit Entwicklung der anderen stimulieren können mit Einflüssen umgehen können Kommunikationsfreude Führungskraft Konfliktmanagement

Spirituelle Intelligenz

In letzter Zeit wird gerne der Begriff *Spirituelle Intelligenz* verwendet, um eine weitere Qualität von Intelligenz anzudeuten. Danah Zohar und Ian N. Marshall beschreiben die verschiedenen Arten von spiritueller Intelligenz wie folgt:[64]

- Der IQ gibt die rationale Intelligenz wider. Diese beruht auf der Frage: *Was denke ich?* und ist verknüpft mit materiellem Kapital.
- Der EQ, die emotionale Intelligenz, basiert auf der Frage: *Was spüre ich?* und formt die Basis des sozialen Kapitals.
- SQ, spirituelle Intelligenz, hat schließlich die Frage: *Wer bin ich?* zur Grundlage und bildet die Basis für geistiges Kapital.

Spirituelle Intelligenz und Sinnfrage

Spirituelle Intelligenz ermöglicht den Zugang zu einer höheren Erkenntnis, zu übergeordneten Werten und der Sinnhaftigkeit unseres Daseins. Es ist jene Form von Intelligenz, die unser geistiges Potenzial vervollständigt und letztlich bestimmt, wie gut wir unsere rationale und emotionale Intelligenz einsetzen können.

Zohar und Marshall unterscheiden folgende Aspekte der spirituellen Intelligenz:

Kriterien spiritueller Intelligenz

- Selbstbewusstsein: sich selbst kennen und in größere Zusammenhänge einordnen;
- sich leiten lassen von persönlichen Zielen und inneren Werten;
- Fähigkeit, Rückschläge zu analysieren und daraus zu lernen;
- ganzheitlich denken: Zusammenhänge erkennen, offen sein und für alles Interesse zeigen;
- das Anderssein und die Vielfalt anerkennen und begrüßen;
- Unabhängigkeit und Eigenständigkeit mit dem Mut, Minderheitspositionen einzunehmen;
- die Dinge hinterfragen;
- Fähigkeit, etwas von einem anderen Standpunkt aus zu betrachten;
- Spontaneität: der Welt antworten.

Übung

- Betrachten Sie die neun Aspekte spiritueller Intelligenz. Welches Verhältnis haben Sie zu jeder einzelnen dieser Fähigkeiten?
- Was fällt Ihnen leicht? Womit haben Sie Probleme?
- In welchen Phasen Ihres Lebens haben Sie sich welche Fähigkeiten angeeignet? Sind diese erprobt? Haben Sie sie weniger entwickelt, als Sie es im Nachhinein gerne getan hätten?
- Welche Fähigkeiten sind Ihnen bei der Arbeit von Nutzen? Welche würden Sie gerne stärker einbringen?
- Was unternehmen Sie, um Fähigkeiten wie diese bei Ihren Kollegen zu fördern?

Zusammen hänge erkennen – Ziele setzen

Computer haben einen hohen «Intelligenzquotienten» und höher entwickelte Tiere haben oft eine gut ausgeprägte emotionale Intelligenz. Sinngebung, das Erkennen größerer Zusammenhänge und die Fähigkeit, von Zeit zu Zeit seine Grenzen neu abzustecken, sind jedoch typische Eigenschaften und Fähigkeiten spiritueller (menschlicher) Intelligenz. Um sich selbst treu und damit auch gesund zu bleiben, benötigt man neben der emotionalen auch die spirituelle Intelligenz. Erfreulicherweise ist diese nur zum Teil angeboren, lässt sich also sehr gut entwickeln.

Sinngebung verhindert Stress und Depressionen

Das Gefühl der Sinnlosigkeit macht weder fröhlich noch gibt es Energie. Es ist eine der Hauptursachen von Stress und Depressionen. Das ist nicht weiter erstaunlich. Denn Sinn gibt dem eigenen Handeln ein Ziel und damit eine Richtung vor. Sinn ist eine Art innerer Kompass oder, um einen modernen Begriff zu benutzen, ein inneres Navigationssystem.

Mit einem klaren Ziel vor Augen hat man seine persönlichen Prioritäten bereits definiert. Ohne Ziel geht man schon bald unter in der Fülle der Möglichkeiten, von der man nur einen kleinen Teil verwirklichen kann. Wenn man unter all dem leidet, was man nicht tun kann, macht man sich selbst das Leben schwer. Das ist das Kernproblem von Stress.

Prioritäten setzen, Ziele definieren

Während meiner Coachingarbeit stelle ich oft die einfachsten Fragen: «Was sind Ihre Ziele bei diesem Projekt, dieser Aufgabe?», «Was ist Sinn und Zweck dieser Überlegungen?» Oder noch allgemeiner: «Wann sind Sie am Ende des Jahres zufrieden und wann ist Ihr Chef zufrieden?», «Was sind Ihre drei wichtigsten Ziele?» Erschreckend oft wissen viele die Antwort nicht, und die Ziele sind viel zu schwammig und allgemein formuliert. Ein klares Ziel kann einen Großteil bestehender Probleme in Luft auflösen, weil sie dann nicht mehr relevant sind. Ein Ziel erhellt den Weg.

Damit sind wir wieder in der täglichen Arbeitsrealität angekommen: Weil der Mangel an Sinngebung eine Quelle für Stress und Depressionen bildet, sollte gerade für die Arbeit, für jeden Mitarbeiter und für jede Führungskraft dieses Thema besonders wichtig sein.

Äußerer Schein verbirgt innere Leere

Depression als Zeiterscheinung

Als *Depressions-Epidemie*[65] bezeichnet Trudy Dehue, Professorin für Wissenschaftstheorie und -geschichte an der Universität Groningen, die erstaunliche Tatsache, dass in einem Wohlfahrtsstaat wie den Niederlanden die Anzahl der Personen, die Antidepressiva schlucken und therapeutische Hilfe brauchen, so groß ist.[66] Für sie reichen die üblichen Erklärungen – ein durch die Pharmaindustrie verursachter «Depressionshype», eine «Pampersgesellschaft», die uns psychisch wehleidig macht, oder der Bekanntheitsgrad der Symptomatik, wodurch eine Depression schneller diagnostiziert wird – nicht aus.

Das Ideal des für sich selbst verantwortlichen Individuums hat in unserer Gesellschaft einen hohen Stellenwert. *The sky ist the limit*. Erfolg wird als persönliches Verdienst betrachtet, und ein Loser hat sich den Misserfolg selber zuzuschreiben. Jene, die sich nicht auf hohem Niveau an diesem Wettbewerb beteiligen, werden als depressive Versager disqualifiziert. Diese moderne Form der Depression resultiert nach Dehue aus der subjektiven Empfindung, «nicht genügend ambitioniert, konkurrenzfähig und unternehmungslustig» zu sein.

Früher wurde man depressiv, wenn man sich nicht mit dem von außen gegebenen Schicksal, das einem Freud oder Leid bringen kann, abfinden konnte. Heute wird man depressiv, wenn man sich zu leicht in sein Schicksal ergibt und nicht fest genug die Fäden in den Händen hält. Eine bemerkenswerte Umkehrung der Ausgangssituation.

Dieses Bild wird durch Beobachtungen der Psychologin Heilwine Bakker[67] aus ihrer Arbeit in Unternehmen ergänzt, wonach viele ein zu positives Selbstbild haben und meinen, Dinge tun zu können, für die sie eigentlich ungeeignet sind. Gleichzeitig nimmt sie eine leere Getriebenheit wahr. «Viele wissen nicht mehr, wer sie sind und warum sie etwas tun.»

Realistische Selbsteinschätzung und Wertorientierung als Erfolgsbasis

Eine gefährliche Kombination: Menschen mit großen Ambitionen, die einerseits nicht ausreichend ihren individuellen Fähigkeiten entsprechen und andererseits zu wenig in inneren Werten verwurzelt sind. Viele Beispiele aus der täglichen Berichterstattung zeugen davon – mit Misswirtschaft, Korruption und der Entfernung von der gesellschaftlichen Realität als schmerzhafte Folgen. Eine wichtige Aufgabe für Führungskräfte besteht darin zu beurteilen, inwieweit die Ambitionen eines Mitarbeiters auf Fähigkeiten und Werten gegründet sind.

Die Erfolgsgesellschaft

Dehue streut Salz auf die Wunden unserer erfolgsorientierten Gesellschaft: Erfolg wird an vordergründigen, sichtbaren Leistungen gemessen. Wir hetzen von Event zu Event, von einer Sensation zur nächsten. Das Leben darf vor allem nicht langweilig werden, jeden Tag oder jede Woche muss es eine spannende Herausforderung geben. Und es kann nicht verrückt genug sein.

Wir bekommen das überzeichnete Bild einer Gesellschaft vorgegaukelt, die in Glück und Reichtum schwelgt, in der es nur darum geht, alles Bisherige zu

Erlebnishunger als Symptom innerer Leere

übertreffen. Ein Betriebsausflug zählt nur dann, wenn er nach Dubai führt, die Pharmaindustrie lädt Ärzte zu einem Kongress nach Ägypten ein und so weiter ... Stillstand ist Rückschritt, Abenteuer ist wichtiger als Zufriedenheit, Abwechslung ist reizvoller als Wiederholung. Man prahlt mit Äußerlichkeiten, auch wenn sie von kurzer Dauer sind und nur die innere Leere verschleiern.

> «Dass die Vögel der Sorge und des Kummers über deinem Haupt fliegen, kannst du nicht ändern. Aber dass sie Nester in deinem Haar bauen, das kannst du verhindern.» *Chinesisches Sprichwort*

Sinngebung macht vital – Spiritualität gibt die Richtung vor

Zufriedenheit und innere Ruhe durch Spiritualität

Wer der Suche nach Sinn Zeit und Aufmerksamkeit widmet, wird auch in den Stürmen des modernen Lebens zur Ruhe kommen. Die Merkmale spiritueller Intelligenz nach Zohar (siehe S. 181) bilden eine Grundlage für mehr Stabilität, Ruhe und Gesundheit:

- *Sich selbst wahrnehmen,* körperlich wie auch psychisch, bietet die Möglichkeit, Unzufriedenheit und Beschwerden schon in einem frühen Stadium zu erkennen. Es hilft uns, mögliche gesundheitliche Folgen von Stress oder Unzufriedenheit rechtzeitig zu erkennen. Es signalisiert uns, ob wir genug gegessen oder getrunken haben, wie müde wir sind und wie viel Schlaf wir brauchen, wann wir von etwas genug haben. Die Ruhe, die Sinngebung und Spiritualität vermitteln, erleichtert es, gesund und vital zu leben. Befriedigung und Zufriedenheit, die von innen heraus kommen, ersetzen Genussmittel und Zerstreuung.
- *Die Fähigkeit, Rückschläge als Chance zu sehen und zu nutzen,* hilft uns dabei, auch in schwierigen Lebenslagen im Gleichgewicht zu bleiben. Damit lassen sich auch Depressivität, psychosomatische Beschwerden und Suchtverhalten vermeiden. Rückschläge wird es immer wieder geben. Ausschlaggebend ist jedoch, wie wir diese erleben und damit umgehen. Oder wie Roger Miller es formulierte: «Manche gehen im Regen spazieren, andere werden einfach nur nass.»
- *Aufgeschlossenheit und breites Interesse* verleihen uns Flexibilität und erlauben uns, andere Wege einzuschlagen, wenn wir in einer Sackgasse stecken.

Im Leben gibt es Momente, in denen man das Ruder herumreißen muss. Dann ist es gut, wenn man sich verschiedene Szenarien vorstellen kann und bereit ist, etwas Neues zu wagen. – Der Geist lässt sich mit einem Fallschirm vergleichen: Er funktioniert am besten, wenn er offen ist.

- *Field-independence – die Fähigkeit, einen unabhängigen Standpunkt zu vertreten* – schützt vor der Angst, gegen den Strom zu schwimmen. Wir sind weniger angreifbar und können uns selber treu bleiben. Es ist furchtbar kompliziert und damit auch anstrengend, immer das zu tun, was andere von uns verlangen (oder noch schlimmer: zu tun, was man glaubt, dass andere von uns verlangen). Was man nicht aus Überzeugung tut, sollte man besser bleiben lassen.
- Regelmäßig auf *Sinngebung* achten und eine *spirituelle Orientierung* suchen macht das Leben übersichtlicher, gibt Ruhe und Kraft. Dadurch können wir unseren Weg finden und den eigenen Kurs bestimmen und korrigieren.

Intermezzo:

Die vier Kernquadranten

Ausgehend von den einfachen, aber zielorientierten Fragen: «Was gibt Energie?» und «Was raubt Energie?» landen wir bei meinen Vitalitätscoachings oft bei den vier Kernquadranten von Daniel Ofman. Dessen Kernquadrantenmodell ist einfach, wirksam, allgemein verständlich und knüpft an Fragen an wie: «Worin bin ich gut?», «Wer oder was bereitet mir Schwierigkeiten?», «Was erfahre ich in den Beziehungen mit anderen Menschen?» und «Was kann ich noch entwickeln?»

Kernqualität

Bei dieser Methode startet man mit einer sogenannten *Kernqualität:* eine Eigenschaft oder Fähigkeit, die jemand als zu ihm gehörig betrachtet. Meistens geht es dabei um eine Begabung, die der betreffenden Person sozusagen in die Wiege gelegt wurde – etwas, das einem leicht von der Hand geht. Auch andere bezeichnen sie als der betreffenden Person zugehörig. Man selber erlebt diese Qualität als selbstverständlich – es ist für einen «normal», so zu sein.

Natürlich hat jeder Mensch andere Kernqualitäten und erlebt diese als «ganz normal». Das kann Zündstoff im Umgang miteinander bieten. Wer sehr rational veranlagt ist, alles begründet und gut analysieren kann, kommt nicht gerade gut mit jemandem zurecht, der sehr kreativ und impulsiv ist und der es nicht mag, alles zu rechtfertigen und immer nach Vorschrift zu arbeiten.

Allergie

Solche unterschiedlichen Charaktere können sich nicht besonders gut leiden oder, wie es in der Quadrantensprache heißt, eine gegenseitige *Allergie* auslösen. Jemand mit Kernqualitäten analytischer und rationaler Art kann allergisch reagieren auf kreativ und impulsiv veranlagte Menschen. Oft ist man allergisch auf das Gegenteil der eigenen Kernqualität und man kann sich überhaupt nicht vorstellen, sich anders zu verhalten.

Falle

Neben der Allergie gibt es noch die *Falle,* eine Art Karikatur der eigenen Kernqualität: Hier wird aus der guten Eigenschaft ein Zuviel des Guten. Nur analytisch zu sein kann auch das Scheitern bedeuten in Situationen, in denen soziale Flexibilität gefragt ist.

Auch unter dem Gesichtspunkt der *Energie* sind diese Kernquadranten hochinteressant. Das Arbeiten mit der Kernqualität gibt fast immer Energie, während die Begegnung mit der Allergie und das In-die-Falle-Geraten einem selbst und seinem Umfeld viel Energie rauben.

Oft spielen mit zunehmendem Alter die Fallen und Allergien eine immer größere Rolle und kosten immer mehr Energie. Was in jungen Jahren als vielversprechendes Talent gilt und gerne angenommen wird, kann später als Einseitigkeit eher hinderlich und sogar sozial problematisch werden. Auch nimmt im Alter die Toleranz gegenüber den Gegenpolen oft ab. Wer nicht aufpasst, wird einseitig und starr in seinem Verhalten.

Einseitigkeiten treten in den Vordergrund

Jeder von uns kennt das aus privaten wie auch beruflichen Beziehungen. Anfangs hat man vor allem die Qualitäten des anderen im Blick und auch die eigenen Talente stehen im Vordergrund. Später können dann vor allem die Fallen und Karikaturen eine unerwartet große Rolle spielen. Die guten Eigenschaften scheinen dagegen in den Hintergrund gedrängt worden zu sein. Man muss sich dann große Mühe geben, um sich daran zu erinnern, warum man sich früher so gut mit jemandem verstanden hat.

Interessant ist auch die Tatsache, dass zum Beispiel bei Führungskräften deren Unarten für ihr Umfeld oft noch lästiger werden, wenn sie eine andere Position einnehmen, in der es weniger Gegenpole gibt.

Herausforderung als Ausweg

Die Lösung für die unfruchtbare Dreieckskonstellation Kernqualität, Allergie und Falle liegt in dem vierten Quadranten: der *Herausforderung*. Dies ist eine Qualität, die nicht angeboren ist, die man aber erwerben kann und die sich entwickeln lässt. Sie fasst Talent, Falle und Allergie auf einem höheren Niveau zusammen.

Am Anfang stehen die angeborenen Talente. Das Leben bringt Fallen und Allergien mit sich, und wenn alles gut geht, reifen in der Auseinandersetzung mit dem Leben unsere Fähigkeiten.

Frank arbeitet schon seit längerer Zeit als Chemielaborant. Chemie war schon in jungen Jahren seine große Leidenschaft, und er fand den Weg in diesen Beruf mit Leichtigkeit. In seiner Abteilung wird er wegen seiner Hilfsbereitschaft, seiner Zuverlässigkeit und seiner aufgeschlossenen Art auch als «Kompetenzzentrum» bezeichnet: Wenn man Fragen hat, kann man immer zu ihm kommen. Natürlich achtet er auch darauf, dass er immer auf dem neuesten Stand ist. Ihm gefällt diese Rolle, sie gibt ihm ein gutes Selbstwertgefühl, und er hat im Laufe der Jahre bei den Kollegen großes Vertrauen erworben. Was Frank auszeichnet, ist die Kombination von Fachwissen und Hilfsbereitschaft.

In den letzten beiden Jahren hat er jedoch immer mehr die Schattenseite zu spüren bekommen: Es fällt ihm auf, dass Kollegen immer schneller und immer öfter mit Fragen zu ihm kommen; wenn er nicht aufpasst, erledigt er die Arbeit

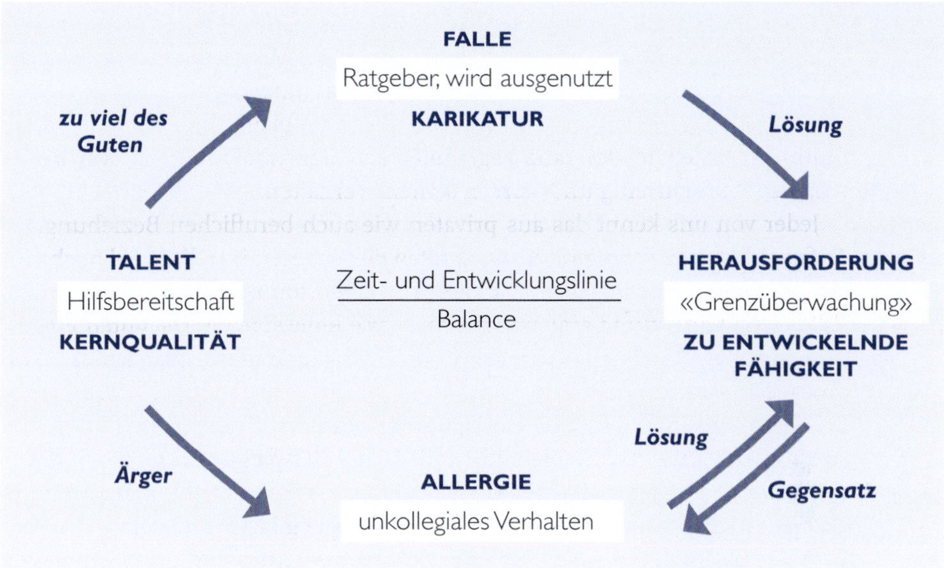

anderer mit und löst deren Probleme. Nicht einmal wenn er telefoniert machen die anderen vor seiner geschlossenen Tür halt. Als noch ärgerlicher empfindet er es, dass andere nicht auf ihn eingehen, wenn er selbst mal mit einer Frage zu ihnen kommt. «Kompetenzzentrum» zu sein ist offensichtlich seine *Falle* geworden. Er fühlt sich ausgenutzt. Er erwischt sich dabei, dass ihm die Arbeit weniger Freude macht, in letzter Zeit hält er sogar Ausschau nach einer anderen Arbeitsstelle.

Auf die Frage nach den Eigenschaften der anderen, die ihn in seiner Abteilung stören und ärgern, antwortet er: «Unkollegiales Verhalten und Mangel an Hilfsbereitschaft.» Diese Eigenschaften, die man seine *Allergie* nennen kann, sind das Gegenteil seiner Falle. Sowohl die Allergie als auch die Falle kosten ihn zunehmend Energie, und wenn er nicht aufpasst, wird er so zum Opfer seiner Kernqualität.

«Grenzüberwachung» formulieren wir gemeinsam als *Herausforderung:* Nur Frank selber kann seine selbst gesetzten Grenzen überwachen und die Bedingungen für den Grenzverkehr vorgeben. Sowohl ihm selbst als auch seinen Kollegen wird es helfen, wenn das «Kompetenzzentrum Frank» nicht einseitig ausgenutzt wird und auch Frank für seine Fragen bei anderen ein offenes Ohr findet.

Frank muss diese Strategie entwickeln, um aus der Falle zu entkommen und seine Allergie abzubauen: Es ist eine gute Herausforderung für die nächste Zeit, wenn auch nicht mit einem Stellenwechsel verbunden.

Erstarrung lösen, Entwicklungsmöglichkeiten nutzen

Beim folgenden Beispiel ist die Zeitlinie gut erkennbar: Eine Kernqualität oder ein Talent trägt einen oft für etliche Jahre durchs Leben. Man beherrscht etwas gut und entwickelt Sicherheit dabei. Auch die Umgebung profitiert davon. Im Laufe des Lebens begegnet man jedoch auch seiner Falle und seiner Allergie – beide haben zerstörerisches Potenzial. Die Entwicklung scheint zu stagnieren, die Kernqualität droht angesichts der durch Falle und Allergie hervorgerufenen sozialen Probleme zu verschwinden: Wir ärgern uns über andere, und andere ärgern sich über uns.

Die Arbeit an und mit der Herausforderung kann die Erstarrung lösen und verhindern, dass die Problematik von Falle und Allergie zu groß wird. Die entwickelte Herausforderung entspricht keinem Naturtalent, sondern einer Fähigkeit, die mit der Zeit erworben wird. Das Ziel ist im Idealfall, dass wir mit der Qualität, der Falle, der Allergie und der Herausforderung umgehen können. Das geht nicht von alleine, aber wenn es gelingt, ist es sehr befriedigend.

Eric ärgert sich maßlos über alles, was er als Schlamperei erlebt. Obwohl er sich selbst nicht als Perfektionist betrachtet («das ist doch normal»), weiß er, dass die anderen ihn auf jeden Fall so einschätzen. «Das wird dann wohl stimmen», meint er lachend.
Seit Kurzem leitet er ein Team. Er merkt, dass diese Aufgabe ihm ganz andere Fähigkeiten abverlangt als der Perfektionismus in seinem technischen Beruf. Seine Falle entdeckte er kürzlich auf dem Trödelmarkt: Er wurde sich dessen bewusst, dass er systematisch und sorgfältig den Markt nach etwas Schönem abklapperte, dass aber die Spontaneität (und der Spaß daran) verschwunden war.
Eric hat bereits als Herausforderung für sich erkannt, gewisse Grenzen anzuerkennen, innerhalb derer etwa sein Perfektionismus berechtigt ist, nicht gegen diese Grenzen anzukämpfen und zu wissen, wann er sie überschreitet. In unserem Gespräch fügen wir auch noch Spontaneität und Spaß zu den Herausforderungen hinzu: Nicht alles muss zu hundert Prozent perfekt und sinnvoll sein.
Bei Eric ist die Entwicklung von der Kernqualität zur Herausforderung auch mit dem Schritt vom technischen Mitarbeiter in die Führungsebene verbunden.

Anders ausgedrückt: Nur mit seinen technischen Fähigkeiten wird er als Führungskraft nicht weit kommen. Die Eigenschaft «Genauigkeit», die als Techniker Voraussetzung ist, ist für eine Führungskraft schon bald zu einseitig.

Übung

Füllen Sie die Felder aus, und gehen Sie dabei von Ihren Kernqualitäten aus. Fragen Sie jemanden, der Sie gut kennt, wie er Sie einschätzt, und vergleichen Sie das Ergebnis mit Ihrer Selbsteinschätzung.

XII. Authentizität – Sich-selbst-Sein als nachhaltige Energiepolitik

Authentizität ist zu einem Modewort geworden. Während es früher vor allem als Bezeichnung für die Echtheit von Dokumenten oder Gegenständen diente, wird es heute immer öfter auf Menschen bezogen. Dabei weckt es zunächst positive Assoziationen, läuft aber gerade dadurch Gefahr, dass es übermäßig strapaziert wird, schwammig bleibt und Aversionen auslöst. Wörterbücher liefern Umschreibungen wie «Echtheit», «Verlässlichkeit» oder «Integrität». Integrität wird wiederum umschrieben mit «Ehrlichkeit», bedeutet aber vor allem, dass das Handeln einer Person mit dem übereinstimmt, was sie sagt.

Handeln in Übereinstimmung mit sich selbst

Damit nähern wir uns dem, was wir als Authentizität bezeichnen wollen: wenn ein Mensch einfach nur ungekünstelt er selbst ist, sich nicht verstellt und keine Hintergedanken hat, wenn man sich auf ihn verlassen kann, wenn er sich zu seinen Gefühlen bekennt und sie zum Ausdruck bringt. Selbsterkenntnis und vor allem auch das Eingeständnis der eigenen Schwächen sind zentrale Merkmale.

Die amerikanischen Sozialpsychologen Michael Kernis und Brian Goldman, die viele Studien zur Authentizität durchgeführt haben, beschreiben diese als uneingeschränkte Verwirklichung des wahren Selbst im täglichen Leben. Marjon Oosterhout charakterisiert Authentizität weniger wissenschaftlich: «Sich selbst sein an einem Gummiband.» Damit verdeutlicht sie eine dynamische Balance zwischen zwei Extremen: ein unverwüstliches «So-bin-ich-nun-mal, die anderen müssen mich eben akzeptieren, so wie ich bin» auf der einen Seite und eine übertriebene Anpassungsbereitschaft auf der anderen Seite. Ohne Anpassung wird das Leben schwierig und einsam, doch wer sich zu lange oder zu viel anpasst, verliert seine Elastizität. Und ein Gummiband ohne Elastizität hat seine Funktion verloren und ist kein Gummiband mehr.

Authentizität und Arbeit

Authentizität wird auch im Arbeitsleben immer mehr als Erfolgsfaktor betrachtet. Sie trägt dazu bei, dass die Arbeit von gleichbleibend guter Qualität ist und mit Freude verrichtet wird. Eine Führungskraft wird am meisten erreichen, wenn sie aus innerster Überzeugung handelt und sich nicht nur auf erlernte Methoden verlässt.

Hier ist es interessant, zwei Meinungen gegenüberzustellen: einerseits die Auffassung, dass Berufs- und Privatleben strikt getrennt werden sollten, und andererseits die These, dass es sich ja um eine einzige Person handelt, auch wenn sie auf beiden Lebensgebieten unterschiedliche Rollen einnimmt. Wir selbst sind das Bindeglied zwischen beiden Bereichen und nehmen uns selbst mit in die jeweilige Welt. Dies ist etwas anderes als jegliche Begrenzung zwischen beiden Welten einfach zu leugnen.

Beruf und Privatleben ...

Hier ist die Frage angebracht: Wo möchte ich eine Grenze ziehen zwischen Arbeit und Privatleben? Was möchte ich mitnehmen? Arbeitsaktivitäten oder die Arbeitshaltung ungehindert in die Privatsphäre eindringen zu lassen ist etwas anderes, als sich als Person zu betrachten, die beide Welten miteinander verbinden möchte.

Auf jeden Fall gilt, dass es nur *eine einzige Vitalität* gibt, die wir täglich von zu Hause mit zur Arbeit nehmen und umgekehrt. Wenn es uns in beiden Bereichen gut geht, verstärkt sich dies wechselseitig. Entsprechend haben Probleme in einem der Bereiche immer auch Auswirkungen auf den anderen. Auch von diesem Gesichtspunkt aus – man ist nur ein einziger Mensch mit verschiedenen Rollen – ist es immer sinnvoll, Authentizität als innere Stärke zu entwickeln.

... zwei Lebensbereiche, aber eine Vitalität

Unsere Rolle wird uns nicht mehr vorgeschrieben

Dass Authentizität zu einem solch viel beachteten Thema geworden ist, liegt unter anderem daran, dass wir in unserem ganzen Tun und Lassen nicht mehr auf eine bestimmte gesellschaftliche Rolle festgelegt sind. Vor nicht allzu langer Zeit waren zum Beispiel der Beruf oder die (religiöse oder politische) Lebenseinstellung ausschlaggebend für die Rolle, die man in der Gesellschaft einnahm. Man war Arzt oder Handwerker, man war Vater oder Mutter, man war katholisch, evangelisch, man war konservativ oder sozialistisch.

Solche Rollenklischees bestimmten viele Facetten des eigenen Lebens, ob es nun die Wochenplanung, die Kleidung oder den bevorzugten Radio- bzw. Fernsehsender betraf. Umgekehrt konnte man an entsprechenden Verhaltensäußerungen erkennen, welchen gesellschaftlichen Hintergrund jemand hatte.

Befreiung von der Gruppennorm

Auf vielen Lebensgebieten, von der Urlaubsplanung, der Kleidung, der Freizeitgestaltung bis hin zur Weltanschauung, spielt die Gruppennorm eine immer geringere Rolle, und jeder ist gefordert, seine eigenen Entscheidungen zu treffen. Um es mit einer Bühnenrolle zu vergleichen: Wo früher der Text ganz genau vorgegeben war, sind heute ganze Passagen der freien Improvisation überlassen.

Dabei wird es immer schwieriger, andere wirklich kennenzulernen, denn ihr Äußeres erzählt nicht unbedingt etwas von ihnen selbst. Hier stellt sich die Frage, inwieweit äußeres Erscheinungsbild und Auftreten eines Menschen mit seinem innersten Wesen übereinstimmen – inwiefern er authentisch ist. Durch die Verwendung des Begriffs authentisch zeigen wir, dass uns die inneren Werte eines Mitmenschen wichtiger und interessanter erscheinen als sein Äußeres.

Dass Authentizität zum Modewort werden konnte, zeugt also auch von einem verbreiteten Bedürfnis nach ihr, sowohl bei einem selbst als auch bei anderen.

Warum Authentizität?

Authentisch sein spart Energie ...

«Warum Authentizität?» ist eine Frage, die Kurt April in seinen Seminaren für Manager stellt. Für ihn bedarf Authentizität einer Entscheidung. Sie ist kein angeborenes Talent, sondern eine Aktivität, etwas, das man bewusst ergreift. Ein wichtiger Grund, sich für Authentizität zu entscheiden, ist die Tatsache, dass jemand über sehr viel Energie verfügt, wenn er «einfach» nur er selbst ist. Es ist sehr anstrengend, immer gegen sich selbst anzukämpfen oder sich verstellen zu müssen. Die Energie, die man fürs «Theater spielen» benötigt, kann man besser für etwas anderes einsetzen.

... und festigt Beziehungen

Außerdem funktioniert es auch in sozialer Hinsicht besser. Die Beziehungen eines authentischen Menschen sind unkomplizierter und echter, haben mehr Substanz und sind dadurch auch beständiger. Die niederländische Ärztin Joke Crul vermittelte einer Gruppe junger Mediziner in einem Seminar über Burn-out: Seid bei der Arbeit einfach ihr selbst. Es wird immer so sein, dass ein Drittel der Patienten euch mag, ein Drittel nicht, und ein Drittel verhält sich neutral. Wenn ihr nun einfach ihr selbst seid, sind die Menschen, die euch mögen, zumindest dieselben, mit denen ihr gut auskommt.

Authentizität verbessert die Zusammenarbeit mit anderen. Bei Führungskräften bekommt sie noch eine ganz andere Dimension. Jede Form der (Menschen-)Führung bedarf auch einer persönlichen Komponente. Wie soll man ein Team, eine Abteilung oder ein Unternehmen führen, wenn man sich selbst nicht kennt, akzeptiert oder steuern kann? Authentizität spart Energie, verbessert zwischenmenschliche Beziehungen und ist die Grundlage jedweder Führungskraft.

Selbstakzeptanz

Authentizität hat vor allem mit Selbstakzeptanz zu tun. Menschen, die von sich selber überzeugt sind, haben einen starken, jedoch nicht fanatischen Glauben an die eigenen Werte und Prinzipien. Sie sind bereit, diese zu verteidigen, aber auch, sie in Frage zu stellen und gegebenenfalls zu ändern.

Unabhängigkeit und Flexibilität durch Selbstakzeptanz

Ihr Urteil über andere und sich selbst fällt durchweg milde aus und bleibt ohne übertriebene Schuldzuweisungen. Rückschlägen begegnen sie mit der nötigen Gelassenheit. Sie hadern nicht mit der Vergangenheit und machen sich keine unnötigen Sorgen um die Zukunft, weil sie vor allem aktiv in der Gegenwart leben.

Anderen gegenüber verhalten sie sich weder überheblich noch unterwürfig. Komplimente nehmen sie ohne falsche Scham und auch ohne übertriebenen Stolz entgegen, und ihr Lob für andere ist aufrichtig. Sie kennen und erkennen ein großes Spektrum an Emotionen, können darüber reden, zeigen aber auch Selbstbeherrschung. Durch ihre breit gefächerten Interessen haben sie viel Lebensfreude. Sie können sich unterordnen oder auch Führung übernehmen, und zwar weil sie hinter einer Sache stehen und nicht weil sie eine bestimmte Position anstreben.

Wie wird man authentisch?

In einem Artikel in der *Harvard Business Review* präsentierte Bill George das Ergebnis einer Reihe von Interviews mit 125 erfolgreichen Topmanagern. Die zentrale Frage war, wie sich diese Personen im Laufe ihrer Karriere entwickelt und wie sie ihren eigenen Führungsstil herausgebildet haben.

Die wichtigste Erkenntnis dieser Umfrage besteht darin, dass es so etwas wie das Standard-Profil des erfolgreichen Managers nicht gibt – ebenso wenig wie ein Rezept für die Entwicklung von Authentizität. Das wäre auch ein Widerspruch in sich, denn Authentizität bedeutet ja gerade, dass man die Dinge auf seine eigene Weise anpackt, also vor allem nichts imitiert – höchstens vorübergehend, um daraus zu lernen. Diese Authentizität gehört – auch dies geht aus der Umfrage hervor – zu den entscheidenden Voraussetzungen für einen erfolgreichen Führungsstil. Authentische Manager sind die besseren Manager. Ich wage sogar zu behaupten, dass jeder Mensch von der Entwicklung seiner Authentizität profitieren kann.

Lebenserfahrung in Authentizität verwandeln

Authentizität wird auffallend oft aus der eigenen Lebensgeschichte heraus geboren. *Real-life*-Erfahrungen wie Prüfungen und Rückschläge scheinen oft mit einem großen Lerneffekt verbunden zu sein. Indem man sich immer wieder Fragen stellt wie: «Wer bin ich?», «Wie bin ich so geworden?» und: «Was haben andere dazu beigetragen?» entwickelt man Authentizität. Man betrachtet sich immer weniger als Opfer oder bloßes Produkt seiner Umgebung, sondern sieht sich immer mehr als Regisseur und Gestalter des eigenen Lebens und seines persönlichen Entwicklungsweges.

Die Autoren des genannten Artikels raten dazu, sich folgende Fragen zu beantworten:

- Wie liest sich meine *Lebensgeschichte?* Worin bestehen meine Stärken und Entwicklungsnotwendigkeiten? *(self-awareness)*
- Welches sind die am tiefsten in mir verwurzelten *Werte?* Welche Prinzipien leiten mich? *(values)*
- Was *motiviert* mich? Wie halte ich innere und äußere Motivatoren im Gleichgewicht? *(motivations)*
- Welche *Menschen* geben mir Orientierung und unterstützen mich auf meinem Entwicklungsweg? *(support team)*
- Wie kann ich sämtliche *Aspekte meines Lebens verbinden* und wie finde ich Selbsterfüllung? *(integrated life)*

Lebensgeschichte als Selbstbegegnung

Immer wieder unsere Lebensgeschichte zu erzählen (auch wenn wir sie nur uns selbst erzählen) ist ein gutes Hilfsmittel, um uns selbst besser kennenzulernen. Dabei gilt: «Die Geschichte deines Lebens ist nicht dein Leben. Es ist deine Geschichte» (John Barth). Unsere Geschichte wächst mit uns, gewinnt immer mehr an Tiefe, je mehr wir sie betrachten: Woher stammen wir? Wo sind wir aufgewachsen? Welchen Familienhintergrund haben wir? Auch wenn nicht jedermanns Geschichte in der Zeitung steht, jedes Leben ist einzigartig.

Ein gutes Beispiel dafür, dass nicht das einzelne Ereignis ausschlaggebend ist, sondern die Geschichte, die man daraus formt, ist der Lebensweg des bangladeschischen Nobelpreisträgers Muhammad Yunus. Ein Erlebnis in einem armen Dorf wurde für ihn später zum Anlass, die Grameen Bank und das System der Mikrokredite ins Leben zu rufen. Er begegnete einer Frau, die ihre selbst hergestellten Möbel aus Bambus sofort wieder an den Bambuszulieferer verkaufen musste. Nur so konnte sie seinen Wucherzinsen entgehen. Mit dem bisschen Geld, das ihr übrig blieb, hätte sie sich niemals selbstständig machen können.

Viele von uns sind schon vergleichbaren Situationen begegnet. Man kann nun vor solch «ausweglosem Elend» die Augen verschließen oder – wie Yunus – der Frau ein paar Dollar geben, um sie aus dem Teufelskreis zu befreien. Was Yunus unternahm, sollte Bestand haben. Mit seinem «Mikrokredit» legte er den Grundstein für eine revolutionäre Form der Kreditgebung zugunsten der Ärmsten der Armen. Er machte ein alltägliches Ereignis, wie es Tausende von Menschen in ähnlicher Form schon erlebt haben, zu einer einzigartigen Geschichte und zu seinem Lebensthema.

Erfahrungen zur Lebensgeschichte formen

Jeder von uns kann seine eigene Lebensgeschichte schreiben, die aus dem Leben mehr macht als nur eine Ansammlung zufälliger Ereignisse. Jedes «normale» Erlebnis kann den Keim für eine einzigartige Geschichte enthalten durch die besondere Bedeutung, die es für einen selbst hat. Damit werden wir zum Autor nicht nur unserer Lebensgeschichte, sondern auch unseres *Lebens*.

Übung

Bringen Sie Ihre Lebensgeschichte – oder zunächst die Ihrer Jugend – zu Papier. Sie können sich währenddessen unendlich viele Fragen stellen:

- Wer waren Ihre Eltern und woher stammen sie? Wie war die Beziehung zu Ihren Geschwistern?
- Welche Schulen haben Sie besucht und wie war die Atmosphäre dort?
- Was ist das früheste Ereignis, an das Sie sich erinnern?
- Wo sind Sie aufgewachsen – in einem ländlichen Umfeld oder in der Stadt?

- Unter welchen Zeitumständen haben Sie Ihre Jugend verbracht? Welche welthistorischen Ereignisse haben damals stattgefunden?
- Welche Interessen und welche Hobbys hatten Sie während Ihrer Schulzeit? Welche einschneidenden Erlebnisse oder Ereignisse gab es für Sie? Welche Begabungen haben sich bereits früh gezeigt, und was ist daraus geworden?
- Wie verlief Ihre Pubertät? Kam sie früh oder spät, war sie ruhig oder heftig? Haben Sie sich dabei stark verändert?
- Wie kam es zu Ihrer Studien- oder Berufswahl? Welche Menschen oder Erfahrungen waren dabei ausschlaggebend und wie haben sich Entscheidungen ausgewirkt?
- Erzählen Sie die Geschichte Ihres Berufs, Ihre «Arbeitsbiografie».
- Welche Schlüsselerlebnisse Ihrer Jugend haben Ihr Leben positiv oder negativ beeinflusst? Welchen Platz haben diese in Ihrem Leben eingenommen? Welche Menschen oder Ereignisse spielten dabei eine Rolle?

Erkenne dich selbst! – Die Suche nach unserem blinden Fleck

Selbsterkenntnis – ein lebenslanger Prozess

Selbsterkenntnis ist die Voraussetzung für emotionale Intelligenz, wie ich bereits im vorhergehenden Kapitel dargestellt habe. Zusammen mit unserer «Geschichte» begleitet uns auch die Selbsterkenntnis durch unser ganzes Leben. Wir entwickeln uns weiter, neue Horizonte öffnen sich, die Vergangenheit erscheint in einem anderen Licht. Etwas, worauf wir einmal stolz waren, wird von uns heute vielleicht ganz anders beurteilt. Kritische Bemerkungen, die wir zuerst nicht hören wollten, finden später mehr Beachtung. Wir verstehen, warum manche Personen «Schwierigkeiten» mit uns hatten oder haben. Der Weg der Selbsterkenntnis ist niemals zu Ende.

Bei diesem Prozess der Selbsterkenntnis sind die «blinden Flecken» außerordentlich hinderlich.

Unser Auge hat physiologisch betrachtet einen blinden Fleck. Dieser wird zum Glück dadurch kompensiert, dass wir mit zwei Augen sehen und unser Gehirn den fehlenden Ausschnitt im Bild ergänzt. Die geistigen blinden Flecken der Selbsterkenntnis sind schwieriger zu kompensieren. Vor allem dann, wenn wir sie nicht wahrhaben wollen. Gerade das Alltägliche erkennen wir nicht, weil wir es gewohnt sind. Man denke nur an das Sprichwort, dass man einen Fisch nicht fragen sollte, was Wasser sei. Der Fisch weiß es nicht und wird die Frage nicht einmal verstehen. Wir selbst sind unser blinder Fleck!

> Ich sehe,
> ich sehe,
> was du nicht siehst,
> ich sehe dich.
> *Thomas, 4 Jahre*

Ohne das Feedback anderer Menschen ist es nicht möglich, unsere blinden Flecken kennenzulernen. Und es gelingt nur, wenn wir zuhören können und über soziale Intelligenz verfügen.

Das eigene Ich bleibt unerkannt

Bill George nennt das Beispiel einer Person, die nach zwei gescheiterten Ehen davon überzeugt war, immer die falsche Partnerwahl zu treffen. Ihr Coach half ihr dabei zu erkennen, dass nicht die Partnerwahl das Problem war, sondern das eigene Verhalten: «Die gute Nachricht ist, dass Sie kein Problem bei der Partnerwahl haben; die schlechte lautet, dass das Problem in Ihrem Verhalten innerhalb der Partnerschaft besteht.»

Übung

- Welche Möglichkeiten haben Sie, Ihre blinden Flecken zu erkennen? Wie gut gelingt es Ihnen, sich selbst den Spiegel vorzuhalten?
- Gibt es Menschen in Ihrem direkten Umfeld, die Ihnen ein ehrliches Feedback geben? Sind Sie wirklich bereit, das Feedback auch zu akzeptieren?
- Welche Ihrer Eigenschaften empfinden andere als unangenehm?
- Mit welchen Aussagen über Ihre Person wurden Sie schon öfter konfrontiert (auch wenn Sie sie lieber nicht hören wollten) oder wurden Sie in entscheidenden Momenten Ihres Lebens konfrontiert?
- Wenn Sie (ältere) Kinder haben: Welches Feedback bekommen Sie von ihnen?

Werte und Prinzipien in die Praxis umsetzen

Welche Werte sind wichtig?

Wer kennt sie nicht, diese Diskrepanz zwischen unseren Wertvorstellungen und unserer Lebensrealität? Für den Anfang ist es gut zu wissen, welche Werte einem besonders wichtig sind. Sie aufzuschreiben ist nicht schwer, weil sie als solche nicht dem Druck der Alltagstauglichkeit standhalten müssen, und es hat eine positive Wirkung, weil wir uns dabei über etwas Wesentliches Gedanken machen. Werte bestimmen unseren individuellen Verhaltenskodex, und ohne diese zu kennen, bleiben wir uns selbst unbekannt.

Die Bedeutung unserer Werte wird uns bewusst, wenn sie im Alltag auf die Probe gestellt werden. Das Abwägen zwischen zu schnellem Fahren oder Sich-Verspäten ist noch ein relativ harmloses Beispiel. Schlimmer ist da schon die Überlegung, welche Vorteile ein bisschen Schummeln in der Steuererklärung bringen würde. Oder ob wir einen Schwarzarbeiter beschäftigen sollten, auch wenn es sich nur um kleinere Aufträge handelt ...

Unwahrheiten können angenehmer sein als die Wahrheit. Wir haben stets Ausreden parat: «Was andere treiben ist noch viel schlimmer!» oder: «Das war doch nur ein ganz klein bisschen geschwindelt!» Wir haben zwar unsere Prinzipien, doch Geld, Status und die Meinung anderer bringen uns regelmäßig dazu, diese über Bord zu werfen mit dem Vorsatz, dass es bei dieser einzigen Ausnahme bleibt.

Wertorientiertes Handeln als positive Selbsterfahrung

Werte, die oft genannt werden, sind: Ehrlichkeit, Zuverlässigkeit, Aufrichtigkeit, Rechtschaffenheit, Liebe, Respekt, Nachsicht, Vertrauen, Lebensqualität, Toleranz, Solidarität. Besonders intensiv sind Erfahrungen, in denen Werte auf den Prüfstand kamen und man trotz Widerstände an ihnen festgehalten hat. Die im Zusammenhang mit der spirituellen Intelligenz genannte *field-independence* gibt uns die Kraft, einen unbequemen Minderheitsstandpunkt einzunehmen, den wir mit unserem Gewissen vereinbaren können.

Es gibt immer eine Diskrepanz zwischen den Werten, zu denen wir uns bekennen, und den Werten, die wir vorleben. Solange diese Diskrepanz nicht zu groß wird, haben Werte die stimulierende Wirkung eines Ideals. Wenn sie jedoch zu groß ist, werden wir unglaubwürdig.

Übung

- Welche drei Werte stehen bei Ihnen an oberster Stelle?
- In welchen Situationen geraten Ihre Werte am ehesten ins Wanken? Mit welchen Ausflüchten oder Argumenten rechtfertigen Sie dies? Trauen Sie sich, mit nahestehenden Personen offen darüber zu reden?
- Erinnern Sie sich an Situationen, in denen Sie eindeutig *field-independence* bewiesen haben? Worum ging es da? Wie hat es sich ausgewirkt?

Was motiviert uns?

Extrinsische und intrinsische Motivatoren

Es ist wichtig zu wissen, was uns motiviert – im Beruf wie im Privatleben. Unsere Motivatoren, unsere Antriebsfedern sind immerhin die Kräfte, die uns in Bewegung versetzen und – was besonders wichtig ist – in Bewegung halten, wenn mal etwas nicht so gut läuft. Die Unterscheidung zwischen *intrinsischen* und *extrinsischen* Motivatoren unterstützt uns dabei, den Ursprung unserer Motivation zu ergründen.

Extrinsische Motivatoren wirken von außen. Meist haben sie mit Ansehen, Geld und materieller Belohnung zu tun. Das kann zum Beispiel eine Lohnerhöhung, ein neuer Titel, eine Provision oder ein Bonus sein, aber auch ein größerer Firmenwagen, ein eigenes Büro, flexible Arbeitszeiten usw.

Intrinsische Motivatoren ergeben sich aus unseren inneren Leitbildern und persönlichen Werten. Damit sind sie unserem authentischen Kern sehr nahe. Sie geben unserem Leben Sinn, tragen zu unserem Glück und unserer Zufriedenheit bei – ungeachtet dessen, ob sie für andere sichtbar sind und zu äußerem Erfolg führen. Beispiele sind eine gute Beziehung, Liebe zu den (Enkel-)Kindern, Stolz, die Befriedigung, einen sinnvollen Beitrag für die Allgemeinheit zu leisten etc. Stephen Covey bringt deren Bedeutung mit seiner Frage drastisch zu Bewusstsein: «Wie viele Menschen wünschen sich wohl auf dem Sterbebett, dass sie mehr Zeit im Büro oder vor dem Fernseher verbracht hätten?» Wohl kein einziger!

Freude an der Arbeit und ein gutes Arbeitsklima sind für die meisten Menschen eine besonders wichtige intrinsische Motivation. Wegen eines hohen Gehalts begibt man sich nicht fröhlich pfeifend zur Arbeit, wegen der guten Arbeitsatmosphäre hingegen schon. Wenn eine intrinsische Motivation vorliegt, kann man eine Enttäuschung notfalls abhaken mit der Feststellung, dass man sich hat ausnutzen lassen oder vielleicht naiv war.

Ein Gleichgewicht von innerem und äußerem Antrieb …

Extrinsische und intrinsische Motivatoren sollten aber stets im Gleichgewicht sein. Beide haben mit Wertschätzung und Befriedigung zu tun, sowohl auf materiellem als auch auf immateriellem Gebiet. Es wäre fatal, wenn intrinsische Motivatoren unser Handeln einseitig bestimmen würden. Sie gleichen eine schwache extrinsische Motivation nur für begrenzte Zeit aus. Wenn wir irgendwann das Gefühl haben, dass wir weniger bekommen, als wir wirklich «verdienen», wird dies unsere Motivation untergraben. Ebenso demotivierend kann das Gefühl sein, dass man zu wenig respektiert wird.

… bewirkt dauerhafte Befriedigung

Wir sollten also nicht zu bescheiden sein, zugleich aber auch bedenken, dass eine extrinsische Belohnung ein begrenztes Haltbarkeitsdatum hat. Die Freude über eine Gehaltserhöhung ist im Schnitt nach zwei bis drei Monaten verflogen. Dann fühlt sich das bessere Gehalt bereits normal an. Wirklich von Dauer ist sie also nicht. Das Gleiche gilt für ein neues Auto. Oft lassen wir uns durch solche extrinsischen Motivatoren bestechen. Wir tauschen eine gute Arbeitsatmosphäre oder Arbeitszufriedenheit gegen eine bessere Bezahlung ein. Nach geraumer Zeit werden wir mürbe, weil externe Motivatoren keine dauerhafte Befriedigung verschaffen. Eine rein extrinsische Motivation wirft irgendwann die Frage auf: «Wofür tue ich das eigentlich?» Wenn wir nicht aufpassen, gehören wir dann zu den Menschen der Kategorie «reich und unglücklich und mit einem Gefühl der Leere».

Übung

Schreiben Sie auf, was Sie bei der Arbeit motiviert. Stellen Sie nun eine Rangliste dieser Punkte entsprechend ihrer Bedeutung auf. Bringen Sie in einem zweiten Durchgang Ihre Motivatoren in eine Reihenfolge von den überwiegend intrinsischen zu den eher extrinsischen.

Unterstützerteam

Wir lernen uns selbst kennen mithilfe der Menschen, die uns umgeben. Sie spiegeln uns, und erst durch einen Blick in den Spiegel erhält man ein Bild von sich selbst.

Wie wirken wir auf unsere Umgebung?

Dieser Umstand, dass wir uns selbst nie so sehen oder hören, wie es andere tun, sollte etwas genauer betrachtet werden. Wir sehen Fotos oder Videos von uns und im Spiegel sehen wir unser Spiegelbild. Hören können wir uns selbst nur völlig undistanziert oder mittels einer Tonaufnahme. Dennoch glauben wir, uns selbst zu kennen, weil wir uns so sehr mit uns selbst beschäftigen. Wie wir auf unsere Umgebung wirken, wissen nur die anderen.

Wir selbst nehmen immer die Intention unseres Handelns wahr, während die anderen nur dessen Wirkung sehen. Beides klafft oftmals weit auseinander. Bei einer ungeschickten Aktion sagen wir uns, dass wir es ja gut gemeint haben, während Außenstehende vor allem den Fehlschlag sehen.

Selbsterkenntnis im Austausch mit anderen

Ein «Unterstützerteam» setzt sich aus Personen zusammen, die – jede von ihrem Standpunkt aus – auf eine nüchterne, ehrliche und liebevolle Art ein Feedback geben. So unterstützen sie uns bei der Entwicklung von Authentizität. Wenn diese Beziehungen gänzlich frei von Hintergedanken sind, kommt das der Ehrlichkeit zugute. Es können auch Menschen dazugehören, die man eher selten sieht und zu denen man kein persönlich enges, sondern ein überwiegend sachliches, eventuell berufliches Verhältnis hat. Oder Bekannte, die man schon lange nicht mehr gesehen hat. Alte Kontakte können wieder an Tiefe gewinnen, auch wenn man sich eine lange Zeit nicht gesehen hat oder gerade deshalb.

Es empfiehlt sich, ein «Team» aus sehr unterschiedlichen Menschen zusammenzustellen, mit denen wir Kontakt aufnehmen können, wenn uns danach ist, und mit denen wir über unerfüllte Träume, aber auch über unsere Fehltritte reden können. Mit dem einen tauscht man sich eher über persönliche Dinge aus, mit dem anderen bespricht man berufliche Angelegenheiten.

Wussten Sie, dass ein Hang weniger steil erscheint, wenn man ihn nicht alleine, sondern gemeinsam mit einem Freund/einer Freundin hinaufklettert? Nach einer wissenschaftlichen Untersuchung war dieser «steigungsmindernde» Effekt umso größer, je länger die Freundschaft bestand und je enger die Beziehung war.

Übung

Skizzieren Sie Ihr persönliches Beziehungsnetz. Welche Menschen gehören dem engeren Kreis mit Partner, Familie und guten Freunden an? Wer gehört zu Ihrem Bekanntenkreis? Und wer gehört zum Kreis der Personen, die Sie von Berufs wegen kennen, aber mit denen Sie nur beruflich etwas zu tun haben?
Wer ist Teil Ihres Unterstützerteams? Können Sie die einzelnen Beziehungen in Stichworten charakterisieren?

Betrachten Sie Ihr Leben wie ein Haus!

Unser Leben können wir uns wie ein Haus vorstellen. So wie es darin verschiedene Räume gibt, spielen wir verschiedene Rollen und zeigen unterschiedliche Merkmale.

Erkennen der eigenen Rollensituation

Welche Zimmer gibt es in diesem Haus? Sind die Wände durchsichtig oder nicht? Oder sind die Türen immer geöffnet und gehen die Räume ineinander über? Gibt es Räume, die niemand betreten darf? Wie groß sind die verschiedenen Zimmer? (Seien Sie ehrlich zu sich selbst! Fragen Sie auch Ihren Partner oder Ihre Kinder nach deren Einschätzung.)

Die folgende Aufstellung soll veranschaulichen, wie sich die verschiedenen Zimmer eines Hauses mit den Aspekten unseres Lebens vergleichen lassen:

Wohnzimmer – Privatleben, Familie und Freunde
Schlafzimmer – Partnerschaft, Schlaf
Arbeitszimmer – Arbeit und alles, was von ihr ins Privatleben hineinspielt
Küche – Organisation unseres Alltags – Haushalt, Einkäufe, Arztbesuche, Steuer usw.
Garten – Beziehung zur Natur
Meditations- bzw. Ruheraum – unser innerstes Selbst
Keller oder Dachboden – Gerümpel
geheimes oder verschlossenes Zimmer – unantastbare Themen, Tabus, ungelöste Probleme oder Konflikte

Übung

Der Kreis soll Ihr Haus darstellen. Zeichnen Sie die einzelnen Zimmer in Form von «Tortenstücken» ein. Deren Größe ergibt sich daraus, wie viel Zeit Sie anteilmäßig in den einzelnen Zimmern verbringen. Die Stunden, in denen Sie schlafen, können Sie unberücksichtigt lassen – aber notieren Sie sich die Zeit, die Sie zugunsten Ihrer Tagesaktivitäten von Ihrem nötigen Schlafpensum wegnehmen.
Unterteilen Sie den zweiten Kreis so, wie es Ihrer Wunschvorstellung entspricht: Wofür möchten Sie gerne mehr Zeit haben, wofür lieber weniger Zeit investieren? (In der Praxis lässt sich manches sehr gut kombinieren: Wenn Sie zum Beispiel mehr Zeit in der Natur verbringen möchten, können Sie dies gemeinsam mit der Familie oder Freunden tun.)
Zeichnen Sie als Drittes einen Grundriss Ihres Hauses. Wo liegen die Zimmer? Wie groß sind sie? Welche grenzen aneinander? Wo betreten Sie das Haus? ...
Können Sie bei der Arbeit ganz Sie selbst sein? Oder schlüpfen Sie dabei in eine bestimmte Rolle? Wenn ja: Weshalb ist das so? Und was möchten Sie daran ändern?

Mein Leben als Haus

Arbeitszimmer	Küche	Keller oder Dachboden
Wohnzimmer	Meditationszimmer	Garten
Schlafzimmer	geheimes Zimmer	...

zur Verfügung stehende Zeit

Ziel

Jeder füllt verschiedene Rollen aus – als Mutter / Vater, Ehefrau / Ehemann, Kollegin / Kollege, Chefin / Chef, Vorsitzende / Vorsitzender eines Vereins ... In ihnen drücken sich die unterschiedlichen Aspekte unserer Persönlichkeit aus. Im Prinzip ist dies eine Bereicherung unseres Lebens. Die Frage ist nur, ob alle Rollen miteinander in Einklang gebracht werden können. Sind sie Ausdruck unseres Selbst oder führen wir in ihnen ein anderes Leben? Würden wir erschrecken, wenn unsere Familie plötzlich an unserem Arbeitsplatz erschiene oder wenn wir einem Kollegen auf der Straße begegneten? Die Frage, wie durchsichtig oder durchlässig die Wände in unserem Haus sind, bezieht sich darauf, wie unsere verschiedenen Rollen miteinander verbunden sind: Sind es völlig getrennte Welten, stehen sie miteinander in Beziehung oder gehen sie nahtlos ineinander über?

Sind Person und Rolle im Einklang?

Authentizität wird erreicht, wenn eine Verschmelzung der Person mit der Rolle vorliegt, wenn die Person eine Rolle auf natürliche Weise ausfüllt. Die verschiedenen Themen und Übungen in diesem Kapitel stellen verschiedene Möglichkeiten zur Entwicklung von Authentizität dar. Ein Patentrezept gibt es jedoch nicht. Jeder darf also seine eigene Methode wählen. Denn darum geht es: *Dem eigenen Kurs folgen!*

Abschluss und Zusammenfassung

Vieles ist in diesem Buch zur Sprache gekommen. Vieles davon ist auch anderweitig nachzulesen. Schließlich wissen wir alle bereits sehr viel über das Thema Gesundheit. Das ist oft gerade das Problem: Wir wissen etwas, aber wir tun es nicht. Es liegt daran, dass wir zwar über große Kenntnisse verfügen, aber kaum über Selbsterkenntnis. Deshalb tun wir Dinge, die wir eigentlich nicht tun wollen. Deshalb kennen wir unsere eigenen Beweggründe oft nicht.

Mit diesem Buch möchte ich Ihnen helfen, sich selbst besser kennenzulernen, und Sie dadurch in die Lage versetzen, etwas an Ihrem Verhalten zu ändern. Unabhängig von allen konkreten Ratschlägen und allem Wissenswerten sind folgende Aspekte entscheidend, wenn wir unsere Vitalität verbessern wollen:

Große Ziele, aber kleine Schritte

Jeden Tag ein kleiner Schritt nach vorn bringt uns viel weiter als hin und wieder ein großer (oder nur dessen Versuch). Dazu folgendes Gleichnis:

> Es war Februar und eine Schnecke hatte gerade ihren Weg nach oben am Stamm eines Apfelbaums angetreten. Es kam eine Elster angeflogen, die krächzte: «Ach, du dumme Schnecke, was machst du denn da, es hängen doch gar keine Äpfel am Baum.» Darauf antwortete die Schnecke: «Jetzt noch nicht. Aber wenn ich oben bin, hängt der ganze Baum voller Äpfel!»

Das Geheimnis der kleinen Schritte besteht darin, dass diese jederzeit möglich sind und stets gelingen. Diese kleinen Erfolge geben uns Kraft.

Viele Menschen haben schon oft Niederlagen erlebt, die Schuldgefühle und Versagensängste zur Folge haben. Diese helfen uns nicht weiter, im Gegenteil.

Ich rate außerdem, auf Erfolge, die man mit kleinen Schritten erreicht hat, stolz zu sein. Wenn wir erst einmal feststellen, was wir leisten können, nimmt unsere Kraft fortwährend zu. Allmählich werden unsere Schritte immer größer.

Körper und Geist

Vitalität ist sowohl eine Angelegenheit des Körpers als auch des Geistes. Das ist nichts Neues, das wussten bereits die Römer: *Mens sana in corpore sano* – ein gesunder Geist in einem gesunden Körper. Nur gehört heutzutage weitaus mehr dazu, Körper *und* Geist gesund und vital zu erhalten. Bewegungsmangel und Stress attackieren uns permanent. Wenn wir unsere Vitalität verbessern wollen, müssen wir hier den Hebel ansetzen. Schon bald werden wir bemerken, dass beide Bereiche miteinander zu tun haben.

Beginnen Sie also mit etwas, das Ihrem Bedürfnis und Ihrer Neigung am meisten entspricht, und beobachten Sie, welche Auswirkungen sich auch auf anderen Gebieten bemerkbar machen. Nutzen Sie die Tatsache, dass sich ein aktiver Geist und ein vitaler Körper gegenseitig unterstützen.

Reflexion: Erkenne dich selbst!

Reflexion ist eine zentrale Fähigkeit, die den Menschen vor allen anderen Lebewesen auszeichnet und die in Selbsterkenntnis und Selbstbestimmung münden kann. Jeder von uns kann sie nutzen und weiterentwickeln. An Wissen mangelt es gewöhnlich nicht – jedenfalls ist es frei zugänglich. Selbsterkenntnis hingegen ist oft mit einer lebenslange Suche verbunden. Selbsterkenntnis findet man nicht im Internet!

Schon den alten Griechen war die Bedeutung der Selbsterkenntnis bewusst. Über dem Eingang des Tempels von Delphi konnten die Pilger in großen Buchstaben lesen: *Erkenne dich selbst!* Wir Menschen können viel mehr über uns selbst erfahren, als wir glauben. Indem wir uns liebevoll und urteilsfrei selbst betrachten und unsere Beobachtungen ernst nehmen, können wir oft schon erkennen, in welche Richtung wir gehen sollten und was der nächste Schritt sein könnte.

Nachwort

In diesem Buch schlagen sich viele meiner Erfahrungen sowohl aus der Arbeitswelt wie auch aus dem persönlichen Bereich nieder.

Als Arzt habe ich jeden Tag Gespräche mit sehr vielen Menschen geführt. Häufig waren sie nur kurz, doch vertieften sie sich, wenn die Beziehung über einen längeren Zeitraum bestand. Ich erfuhr, was Menschen bewegt – im persönlichen Bereich oder im Beruf, in der Jugend oder im Alter, auf körperlichem oder seelischem Gebiet. In diesen Jahren konnte ich einiges über das Leben erfahren.

Obwohl ich immer viel Freude an meinem Beruf hatte, entstand bei mir nach einigen Jahren ärztlicher Tätigkeit aber auch das Bedürfnis, meinen beruflichen Horizont zu erweitern. Ich wagte den Schritt zur Mitarbeit in einem Unternehmen, der dadurch möglich wurde, dass es Führungskräfte gibt, die Menschen nicht nur aufgrund von Fähigkeitsnachweisen einstellen, sondern auch aufgrund ihres Entwicklungspotenzials.

Sieben Jahre als Mitarbeiter zeigten mir, dass größere Organisationen genauso kompliziert sind wie ein menschlicher Organismus, dass in beiden Organismen zum Teil dieselben Gesetzmäßigkeiten gelten, obwohl zugleich auch Unterschiede bestehen.

Als wieder die Frage aktuell wurde, wie ich mich beruflich weiterorientieren sollte, erwies sich der Schritt in die Selbstständigkeit als eine Chance, meinen medizinischen und meinen betriebswirtschaftlichen Hintergrund zu verbinden.

Beim Thema *Arbeit und Vitalität* kommt beides zum Tragen. Ein solches Thema lässt sich meines Erachtens kaum glaubwürdig vermitteln, wenn man nicht auch das eigene Leben als Experimentierfeld benutzt hat. Ich habe meine eigenen Erfahrungen in diesem Buch verarbeitet, ohne sie in den Vordergrund rücken zu wollen. Auch ich kann aus Erfahrung bestätigen, dass gerade die schwierigen und düsteren Abschnitte im Leben die Möglichkeit zur Vertiefung in sich tragen.

Ich möchte hier zunächst den Menschen danken, mit denen ich in den vergangenen Jahren im Rahmen meiner Aktivitäten im Bereich des Vitalitätsmanagements in Organisationen zusammenarbeiten konnte. Dies war sowohl in den Niederlanden als auch in Deutschland der Fall. Obwohl es manche kulturelle Unterschiede zwischen beiden Ländern gibt, stellen doch die Menschen in unserer Zeit auf dem Gebiet der Vitalität grundsätzlich dieselben Fragen. Dass ich immer wieder persönlich hören durfte, was die Betroffenen bewegt, war eine der wichtigsten Quellen für meine Arbeit. Das Leben selbst ist – neben allen guten und schönen Büchern, die es gibt – eine hervorragende Schule, die jeden Tag aufs Neue interessante und unerwartete Lektionen bereithält.

Auch der Austausch mit Menschen auf der Führungsebene über Betriebskultur und Vitalität hat mir viele Einsichten vermittelt. Nicht nur jeder Mensch, auch jede Organisation hat ihre eigene Identität. Wenn man mit deren Mitarbeitern arbeiten möchte, ist es unabdingbar, dieser auf die Spur zu kommen.

Peter Leusink, praktischer Arzt und Sexologe, war so freundlich, das Kapitel über Vitalität und Sexualität durchzusehen und wertvolle Kommentare zu geben. Jolanda de Jong und Veronica Koopmans haben das Manuskript kritisch durchgesehen und gute Tipps und Verbesserungsvorschläge beigesteuert. Dorien Stilma vom niederländischen Verlag Uitgeverij Spectrum machte mir viel Freude durch ihr ehrliches Interesse und ihre Wertschätzung meines Manuskripts.

Paul Wormer

Anmerkungen

1 Siehe *Constitution of the World Health Organization:* «Health is a state of complete physical, mental and social well-being and not merely the absence of disease or infirmity.»
2 Siehe Gerardus A. Kerkhof und Antonius Coenen, *Slaap. Gedrag en fysiologie,* in: Alex Leonard van Bemmel (Hrsg.), *Handboek slaap en slaapstoornissen,* Maarssen 2001, S. 13–36.
3 Siehe Theo Compernolle, *Stress, vriend en vijand,* Schiedam 2006.
4 Robert Kaplan, *Reaching your Potencial,* in: *Harvard Business Review,* Juli und August 2008.
5 Bill George u. a., *Discovering your Authentic Leadership,* in: *Harvard Business Review,* Februar 2007.
6 *Mikrozensus. Fragen zur Gesundheit. Körpermaße der Bevölkerung,* hrsg. vom Statistischen Bundesamt, Wiesbaden 2009.
7 Siehe *Bewegen und gesund bleiben,* Pressemeldung der Deutschen Gesellschaft für Ernährung e.V. vom 7. Juli 2009 (www.dge.de).
8 Siehe Dena Bravata u. a., *Using Pedometers to Increase Physical Activity and Improve Health. A Systematic Review,* in: *JAMA,* 298, vom 21. November 2007, S. 2296–2304.
9 Angaben nach www.zehntausendschritte.de
10 Siehe das Projekt *Pace of Life* von Richard Wiseman (www.richardwiseman.com).
11 Ineke Aalbers, *Heilige kracht wordt door beweging losgemaakt,* Tilburg 2007.
12 Ineke Aalbers in einem Interview mit Els van Thiel: *Heilzame bedevaart,* in: *Arts en Auto,* 10, 2007.
13 Ronald Blom in einem Interview mit Mathijs Schiffers, in: *Het Financieele Dagblad* vom 17. Januar 2009.
14 Nicola T. Lautenschlager u. a., *Effect of Physical Activity on Cognitive Function in Older Adults at Risc for Alzheimer Disease. A Randomized Trial,* in: *JAMA* vom 21. Januar 2008.
15 Frank Curran, *Sleep deficit. The Performance Killer,* in: *Harvard Business Review,* Oktober 2006.
16 Siehe www.sleepfoundation.org
17 Siehe Gerardus A. Kerkhof und Antonius Coenen, *Slaap. Gedrag en Fysiologie,* in: Alex Leonard van Bemmel (Hrsg.), *Handboek slaap en slaapstoornissen,* Maarssen 2001, S. 3–36.
18 Siehe *«Power Nap» Prevents Burnout. Morning Sleep Perfects a Skill,* hrsg. vom National Institute of Mental Health (www.nih.gov).
19 Siehe Heleen Cronen, *Tegen de klok in,* in: *Medisch Contact,* 35, vom 29. August 2008, S. 1426–1429.
20 Siehe Xianchen Liu u. a., *Rapid Eye Movement Sleep in Relation to Overweight in Children and Adolescents,* in: *Arch Gen Psychiatry,* 65, 8, 2008, S. 924–932.

21 A. Naska u. a., *Siesta in Healthy Adults and Coronary Mortality in the General Population,* in: *Archives of Internal Medicine,* 167, 3, vom 12. Februar 2007, S. 296–301.
22 *Gesundheitsmanagement 2007/08. Strukturen, Strategien und Potenziale deutscher Großunternehmen,* Berichtsband, hrsg. von der EuPD Research, November 2007. Siehe auch Markus Dettmer u. a., *Volk der Erschöpften,* in: *Der Spiegel,* 4, 2011.
23 www.sleepdex.org/caffeine-nap.htm
24 Siehe z. B. Stephen Covey, *Die 7 Wege zur Effektivität. Prinzipien für persönlichen und beruflichen Erfolg,* Offenbach [27]2013.
25 Michiel Tent, *Wat moeten we eten,* in: *Arts en Auto,* 1, 2008.
26 Empfehlung der Deutschen Gesellschaft für Ernährung e.V., siehe Anm. 27.
27 Ruth Rösch, *Vollwertig essen und trinken nach den Zehn Regeln der DGE,* hrsg. von der Deutschen Gesellschaft für Ernährung e.V. (erhältlich bei Aid Infodienst e.V., Vertrieb, Postfach 1627, [5]2006 Bonn).
28 Brian Wansink, *Essen ohne Sinn und Verstand. Wie die Lebensmittelindustrie uns manipuliert,* Frankfurt am Main 2008; englischer Originaltitel: *Mindless Eating. Why we Eat more than we Think.*
29 Nicholas A. Christakis und James H. Fowler, *The Spread of Obessity in a Large Social Network over 32 Years.* In: *New England Journal of Medicine,* Juli 2007.
30 Siehe die Broschüre *Alkohol am Arbeitsplatz,* hrsg. von der Deutschen Hauptstelle für Suchtfragen e.V. (www.dhs.de).
31 Jon Kabat-Zinn, *Handboek meditatief ontspannen,* Haarlem 2008 (dt. Ausgabe: *Gesund durch Meditation. Das große Buch der Selbstheilung,* München 2011).
32 Thích-Nhât-Hanh, *Das Wunder des bewussten Atmens,* Stuttgart 2009.
33 Siehe z. B. Bernd Joschke und Peter Stemmann, *Zen und Management. Der meisterliche Weg,* München 1995, oder Rients Ritskes, *Der Zen-Manager,* München 2003.
34 Mariette Huisjes, *Mediteren om te presteren,* in: *Het Financieele Dagblad* vom 29. Juli 2006.
35 Elke van Riel, *De stille kracht van meditatie,* in: *Psychologie Magazine* vom Juni 2008.
36 Catherine Feldman, *U bent gestresseerd? Lachen maar!,* siehe www.e-gezondheid.be
37 Siehe www.lachmeditatie.info
38 Leo Lewis, *Smiling can seriously damage your health,* siehe www.thetimes.co.uk, 29. Februar 2009.
39 Siehe *The Health Benefits of Sexual Expression,* hrsg. von der Planned Parenthood Federation of America, 2003 (www.plannedparenthood.org).
40 Siehe *Was junge und jung gebliebene Menschen mit angeborenem Herzfehler wissen möchten,* siehe www.herzstiftung.de
41 Zitiert nach Anton van Tuyl: *Seks is gezond,* in: *HP/De Tijd* vom 13. Juli 2007.
42 Ebenda.
43 Durchgeführt von der Rutgers Nisso Group, der niederländischen Sektion der International Planned Parenthood Federation.

44 Siehe *Stress kostet Wirtschaft Milliarden,* in www.sueddeutsche.de vom 17. Mai 2010.

45 Nach einer Befragung von Arnold Lohaus und Johannes Klein-Heßling; siehe *Kinder und Stress. Mehr Gelassenheit für Eltern und Kinder,* Informationsbroschüre der Techniker Krankenkasse (www.tk.de).

46 *Gestresste Patienten kosten mehr,* siehe www.medizinauskunft.de vom 24. November 2004.

47 Thomas Holmes and Richard Rahe, *The Social Readjustment Rating Scale,* in: *Journal of Psychosomatic Research,* 11, 2, 1967, S. 213–218.

48 Die vorliegende Zusammenstellung von Stresssymptomen orientiert sich an Frank Schaper, *Eerste hulp bij stress en vermoeidheid,* Schiedam 2007.

49 Das Institut HeartMath hat umfangreiche Messungen des HRV durchgeführt und beschrieben. Siehe auch Paul Wormer und Maarten Jan Stam, *Hart Ritme Variabiliteit. De start van een bewustwordingsproces,* in: *Movemens,* Februar 2006 (www.heartmath.org).

50 Dirk Cysarz und Arndt Büssing, *Cardiorespiratory synchronization during Zen meditation,* in: *European Journal of Applied Physiology,* 95(1), 2005, S. 88–95.

51 Siehe z. B. Jon Kabat-Zinn, *Gesund und stressfrei durch Meditation. Das große Buch der Selbstheilung,* München 1991; *Im Alltag Ruhe finden. Meditationen für ein gelassenes Leben,* Frankfurt am Main 2010.

52 David Shenk, *The E Decade. Was I right about the dangers of the Internet in 1997?,* 25. Juli 2007, siehe www.slate.com

53 Deutsche Ausgabe: *Datenmüll und Infosmog. Wege aus der Informationsflut,* München 1998.

54 Geert Mak, *De eeuw van mijn vader;* dt. Ausgabe: *Das Jahrhundert meines Vaters,* München 2005.

55 Siehe *Immer und überall. Viele Menschen können sich ein Leben ohne Handy nicht mehr vorstellen,* in: *Süddeutsche Zeitung* vom 10./11. August 2013.

56 Ebenda.

57 Siehe *Mailen schadet dem IQ mehr als «Kiffen»,* in: www.faz.net vom 24. April 2005.

58 Peter M. Senge, *Die fünfte Disziplin. Kunst und Praxis der lernenden Organisation,* Stuttgart [11]2011.

59 Ingrid Betancourt, *Zeven barre jaren bij het «menselijke beest»,* in: *De Volkskrant* vom 12. Juli 2008. Siehe auch Ingrid Betancourt: *Kein Schweigen, das nicht endet. Sechs Jahre in der Gewalt der Guerilla,* München 2012.

60 Siehe Robert D. Putnam, *Bowling Alone. The Collapse and Revival of American Community,* New York 2000.

61 Ebenda.

62 Robert D. Putnam, Lewis Feldstein und Donald J. Cohen, *Better together. Restoring the American Community,* New York 2000.

63 Daniel Goleman, *EQ. Emotionale Intelligenz,* München 1997.

64 Siehe Danah Zohar und Ian N. Marshall, *SQ. Spirituelle Intelligenz. Die notwen-*

dige Frage nach dem Sinn. Wie das menschliche Gehirn Kreativität entstehen lässt, Visionen und Werte entwickelt und dem einzelnen Leben Sinn verleiht, Bern und München 2000.

65 Siehe Trudy Dehue, *De depressie-epidemie. Over de plicht het lot in eigen hand te nemen,* Amsterdam 2008.

66 Die Weltgesundheitsorganisation WHO schätzte 2012 die Anzahl depressiver Menschen weltweit auf 350 Millionen und die Fälle von Selbstmord infolge schwerer Depression auf ca. eine Million (siehe www.who.int, Fact sheet 369, Oktober 2012).

67 Siehe *Het Financieele Dagblad* vom 22. Januar 2009.

Bildnachweis

Umschlagvorderseite: Leanne Temme / Getty Images; S. 5: ronstik / shutterstock; S. 10/11: Warren Goldswain / shutterstock; S. 16/17: lightpoet / shutterstock; S. 21: lightpoet / shutterstock; S. 25: plainpicture / Elektrons 08; S. 34/35: davipix / shutterstock; S. 46/47: lightpoet / shutterstock; S. 64/65: Diego Cervo / shutterstock; S. 89/90: Giedriusok / shutterstock; S. 94/95: gpointstudio / shutterstock; S. 111: Amy Johansson / shutterstock; S. 119/120: Alex James Bramwell / shutterstock; S. 129: Monkey Business Images/ shutterstock; S. 135: Duncan Andison / shutterstock; S. 155: Benoit Daoust / shutterstock; S. 165: Dudarev Mikhail / shutterstock; S. 170/171: Laszlo Halasi / shutterstock; S. 186: Nemar74 / shutterstock; S. 192/193: kataijudit / shutterstock; S. 209: Dudarev Mikhail / shutterstock; S. 214/215: Warren Goldswain / shutterstock.